——正年轻，有梦想，走“三创”征途

苗　苗　李静波　杨　柳　编　著

西南交通大学出版社
·成　都·

图书在版编目（CIP）数据

创新 创业 创青春：正年轻，有梦想，走“三创”征途／苗苗，李静波，杨柳编著．—成都：西南交通大学出版社，2020.9
ISBN 978-7-5643-7647-5

Ⅰ．①创… Ⅱ．①苗… ②李… ③杨… Ⅲ．①大学生－创业 Ⅳ．①G647.38

中国版本图书馆 CIP 数据核字（2020）第 175084 号

Chuangxin Chuangye Chuang Qingchun
——Zheng Nianqing，You Mengxiang，Zou “Sanchuang” Zhengtu

创新 创业 创青春
——正年轻，有梦想，走“三创”征途

苗 苗 李静波 杨 柳／编 著

责任编辑／郭发仔
助理编辑／李芷柔
封面设计／原谋书装

西南交通大学出版社出版发行
（四川省成都市金牛区二环路北一段 111 号西南交通大学创新大厦 21 楼 610031）
发行部电话：028-87600564 028-87600533
网址：http://www.xnjdcbs.com
印刷：成都勤德印务有限公司

成品尺寸 170 mm × 230 mm
印张 11.75 字数 162 千
版次 2020 年 9 月第 1 版 印次 2020 年 9 月第 1 次

书号 ISBN 978-7-5643-7647-5
定价 48.00 元

走“三创”征途，创青春梦想

创意引领创新，创新推动创业，创业成就梦想。比赛征途的艰辛与汗水正是漫漫创业路上的掠影，历练后的沉淀和成长值得回味和分享。全国大学生电子商务“创新、创意及创业”挑战赛是激发大学生兴趣与潜能，培养大学生创新意识、创意思维、创业能力以及团队协同实战精神的学科性竞赛，该项赛事为广大学生提供了锻炼创新能力、放飞创业梦想的舞台。本书从第九届全国大学生电子商务“创新、创意及创业”大赛优秀指导教师苗苗的视角出发，基于创业理论，结合“三创”赛特等奖获得者“慧读慧写”团队和一等奖获得者“YOUNG · 生”团队的实践经历，讲述创业故事，感悟比赛心得，重温团队点滴。

本书共计十章：第 1 章，“三创”赛助力梦想起航——了解“三创”赛，明确比赛要求；第 2 章，点亮创业的“金点子”——创业机会的发掘，评估创业项目；第 3 章，寻找梦想合伙人——创业团队的组建，让读者学会组建创业团队，解决内部矛盾；第 4 章，绘制创业蓝图——商业计划书的撰写，使读者掌握撰写商业计划书的技巧；第 5 章，合作创造双赢——创业沟通与创业投资，让读者懂得合理利用外界资源；第 6 章，走向市场的通行证——工商注册登记，帮助读者了解工商注册登记高效方法；第 7 章，实用与美感并存——对产品及包装设计的思考，让读者学会对此进行考虑；第 8 章，打造便捷的在线商城——微商城的运营与管理，帮助读者掌握微商城的运营与管理相关事项；第 9 章，从流量为王到深度变现——创业者的网络营销方案，促进读者打造自己的营销方案；第 10 章，让成果展示更完美——创业路演与答辩技巧，帮助读者团队应用相关技巧，达到锦上添花的效果。

谨以此书，纪念与“慧读慧写”团队和“YOUNG·生”团队二百余个日夜的奋战前行，献给怀揣梦想即将踏上创业类比赛征途的青春学子和不遗余力辛勤付出的指导老师，致敬每一个敢于直面挑战、勇担社会责任的青年创业者！

作　者

2020 年 3 月

目 录

第 1 章

“三创”赛助力梦想起航

——了解“三创”赛

创新驱动是国家新时期经济发展的战略决策，自2014年李克强总理在达沃斯经济论坛上提出“大众创业、万众创新”以来，创新创业已经成为社会的最强音，创新性人才已为国家所需。而全国大学生电子商务“创新、创意及创业”挑战赛的举办，正在吸引着中国大学生投身于火热的创新创业中去，创新创业已经成为当代大学校园内的热门话题。

让我们走进“创新、创意及创业”挑战赛中，建立创新意识、培养创新思维，成为符合国家需求的创新型人才。唯有创新创意才能真正实现技术的发展，唯有创业才能真正将创新技术转化为生产力，使技术和产品能够真正服务人们的生活和生产。

一、大赛基本介绍

全国大学生电子商务“创新、创意及创业”挑战赛（以下简称“三创”赛），是由中华人民共和国教育部主管，教育部高等学校电子商务类专业教学指导主办的比赛，多年来得到了教育部，商务部，各省、直辖市、自治区教育厅（教委）和商务厅（局）等的大力支持，为高等学校落实教育部和财政部《关于实施高等学校本科教学质量与教学改革工程的意见》、开展创新教育和实践教学改革、加强产学研之间的联系起到积极示范作用。

该项赛事也是中国高等教育学会发布的“全国高校学科竞赛排行榜评估体系”中评估全国高校创新创业人才培养质量的重要指标之一，旨在激发大学生的兴趣与潜能，是培养大学生创新意识、创意思维、创业能力以及团队协同实战精神的学科性竞赛。

自 2009 年第一次举办“三创”赛起，参赛团队从第一届有 1 500 多支团队，到第九届有来自全国 31 个省、市、自治区共 55 021 支团队，其影响力在全国范围内越来越强，举办规模越来越大。近年，大学生创业团队在比赛中呈现的项目质量有大幅度提升，进入国赛的项目，符合现在社会的需求，并更有创新、更具创意，其中大部分项目已经成立公司，处于运营阶段。

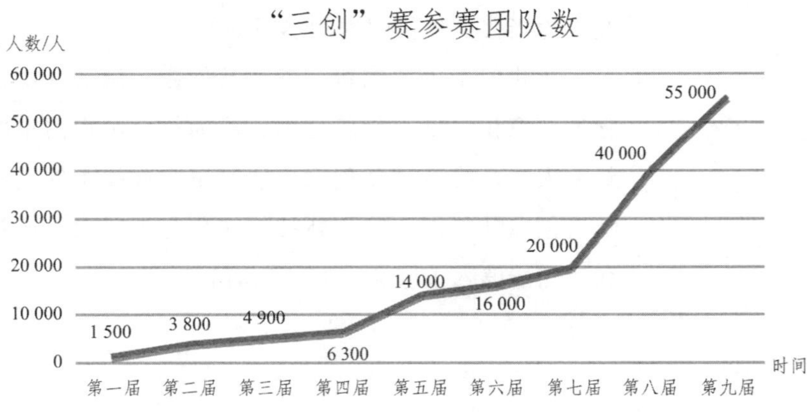

图 1-1 “三创”赛第一届到第九届参赛团队数

二、比赛报名

“三创”赛的报名时间一般为每年的 11 月到次年 4 月，参赛团队需要在发布的报名时间内，在全国大学生电子商务“创新、创意及创业”挑战赛（http://www.3chuang.net/）官网进行报名注册，并按要求上传相关信息。除此之外，需联系所在学校的承办方进行团队信息的报送。

参赛队伍的具体报名方式如下。

步骤 1：参赛队伍由队长在官方网站上统一注册，真实准确地填写注册信息。

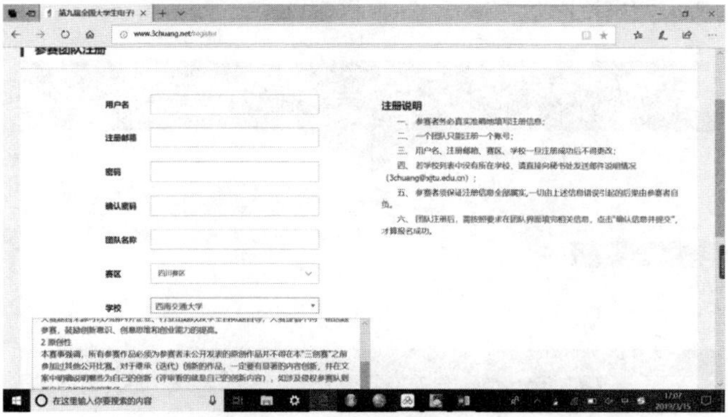

图 1-2 “三创”赛官网参赛团队注册页面

步骤 2：登录已注册的账号，完善团队信息。

图 1-3 “三创”赛官网用户中心页面

图 1-4 “三创”赛官网团队基本信息页面

步骤 3：填写参赛队伍成员信息及指导老师的情况。一共可添加五名成员、两名学校指导老师、两名企业指导老师。

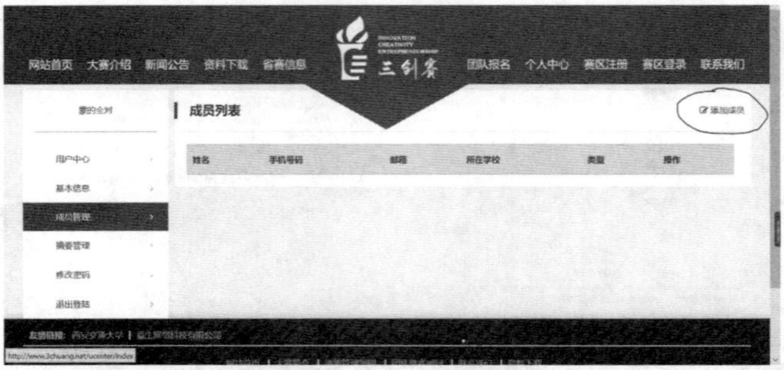

图 1-5 “三创”赛官网团队成员管理队员页面

图 1-6 “三创”赛官网团队成员管理指导老师页面

步骤 4：点击摘要管理，填写作品名称及摘要内容（100 ~ 200 字之间），参赛题目可以暂时不填，参赛题目在报名时间截止前确定即可。

图 1-7 “三创”赛官网项目摘要管理页面

步骤 5：点击修改密码，可修改密码。

图 1-8 “三创”赛官网团队密码修改页面

注意：所有参赛队伍必须由本校“三创”赛承办负责人在官网上进行审核，审核后方可通过。在报名审核结束之前由本校”三创”赛承办负责人将该校所有参赛团队信息盖章（教务处或校章）并扫描发送到组委会邮箱（3chuang@xjtu.edu.cn），大赛秘书处查验通过后方能确认其为有效参赛队。因此各参赛团队要关注自己的审核信息，若有问题应及时咨询所在学校的相关负责人。

三、九大参赛主题

以第九届“三创”赛为例，大赛主题共有如下九类，参赛队伍应该围绕大赛主题给出具体题目参加竞赛。

①“三农”电子商务：配合乡村连锁网点，以数字化、信息化的手段，通过集约化管理、市场化运作、成体系的跨区域跨行业联合，构筑紧凑而有序的商业联合体。“三农”是指农村、农民、农业。

② 工业电子商务：围绕核心企业，通过对信息流、物流、资金流的控制，从采购原材料开始，制成中间产品以及最终产品，最后由销售网络把产品送到消费者手中的，将供应商、制造商、分销商、零售商，直到最终用户连成一个整体的功能网链结构。

③ 跨境电子商务：分属不同关境的交易主体，通过电子商务平台达成交易、进行支付结算，并通过跨境物流送达商品、完成交易的一种国际商业活动。

④ 电子商务物流：又称网上物流，这种物流方式致力把世界范围内最大数量的有物流需求的货主企业和提供物流服务的物流公司都吸引到一起，提供网上物流交易市场，帮助物流供需双方高效达成交易。

⑤ 互联网金融：传统金融机构与互联网企业利用互联网技术和信息通信技术实现资金融通、支付、投资和信息中介服务的新型金融业务模式。发展模式包括众筹、P2P、第三方支付、数字货币、大数据金融等。

⑥ 移动电子商务：由电子商务的概念衍生出来，电子商务以 PC 端为主要界面，是有线的电子商务；移动电子商务则是利用手机等无线终端进行的电子商务。中国移动电子商务市场可以分为两个部分：一是虚拟商品（通过手机缴纳水电费、话费等业务），二是实体商品。涉足这一领域的主要有淘宝网等。

⑦ 旅游电子商务：利用计算机网络及通信技术和电子商务的基础环境，整合旅游企业的内部和外部的资源，扩大旅游信息的传播和推广，实现旅游产品的在线发布和销售，为旅游者与旅游企业之间提供一个知识共享、增进交流与交互平台的网络化运营模式。

⑧ 校园电子商务：电子商务在校园环境下的具体应用，是指在校园范围内基于学校的校园网和电子通信手段建立起来的一种电子商务形式，是用来满足校园内各单位、各企业或个人进行商务、工作、学习和生活等方面活动需要的一种高可用性、伸缩性、安全性的商务活动。

⑨ 其他类电子商务。

四、奖项设置

参赛团队将经历近 5 个月的激烈角逐，共需要参加校级赛、省级赛、全国总决赛三个级别的比赛。组委会将根据校赛、省级赛、全国总决赛竞赛的具体情况，分两类（学生队和师生混合队）设置奖项。奖项设置具体如下。

① 校赛、省级选拔赛获奖评选：校赛特、一、二、三等奖若干名；省级选拔赛特、一、二、三等奖若干名。

获奖队名额特等奖不超过参赛队数的 5%（可空缺），一等奖不超过参赛队数的 10%，二等奖不超过参赛队数的 20%，三等奖不超过参赛队数的 30%。

单项奖包括最佳创新奖、最佳创意奖、最佳创业奖等。

② 全国总决赛获奖评选：全国总决赛特、一、二、三等奖若干名。

获奖队名额特等奖不超过参赛队数的 10%（可空缺），一等奖不超过参赛队数的 15%，二等奖不超过参赛队数的 25%，三等奖不超过参赛队数的 40%。

单项奖包括最佳创新奖、最佳创意奖、最佳创业奖等。

对于按主题竞赛的部分，可以考虑按主题分类设奖。在特等奖的基础上还可以评选出前三名，作为特别资助对象，鼓励其创业。

五、评分细则

在参加“三创”赛之前，我们不光要了解比赛的规则，还需要充分理解与掌握比赛的评分细则，这样才能根据评分点和该点所占的分数更好地塑造项目，从而在比赛中取得更高的分数。本书以 2019 年第九届“三创”赛官网发布的评分细则为例进行具体分析。

（一）竞赛评分细则

表 1-1　竞赛评分细则表

评分项目	项目分值/分
实用性与创新能力	15
产品与服务	15
市场分析	15
营销策略	15
方案实现	20
总体评价	20
总　计	100

1. 实用性与创新能力（15 分）

这项能力是指项目面向现实应用问题，具有解决问题的实用价值，体现出创新能力与元素，对目标企业有吸引力。

“三创”赛的全称为全国大学生电子商务“创新、创意及创业”挑战赛，可见该比赛将项目的创新与创意放在重要的位置，一个具有创新性的项目，是比赛的敲门砖，它会吸引评委的眼球，激发评委深入了解该项目的兴趣。

【例】 2018 年第八届“三创”赛国家级二等奖的蔚县剪纸项目。

简介：蔚县剪纸是一种风格独特、在国内外享有盛誉的传统民间艺术。2006 年 5 月入选第一批国家级非物质文化遗产，2009 年 10 月入选世界非物质文化遗产代表名录。蔚县剪纸是全国唯一一种以阴刻为主、阳刻为辅的点彩剪纸，它以刀刻、继之以点染颜色的方式形成色彩艳丽的饱满构图。

创新点：国家战略 + 传统文化 + 科技力量。

总结：实用性、创新性、具有社会意义。

2. 产品与服务（15 分）

这一项是指项目对产品与服务的描述清晰，特色鲜明，有较显著的竞争优势或市场优势。

产品与服务是一个项目中最重要的部分，它反映了一个项目的成熟程度以及其市场竞争性。现阶段社会各产业领域均处于半饱和状态，大学生所投入的项目也掺杂在其中，所以开发系统的、全面的、有特色的产品与服务是项目的重点。

【例】 2018 年第八届“三创”赛国家特等奖第二名的“易小儿”项目。

产品与服务：产后恢复 + 小儿推拿 + 小儿药浴 + 康养食材 + 附加性的线上服务。

总结：系统性、特色性、一体化服务。

3. 市场分析（15 分）

该项是指对产品或服务的市场容量、市场定位与竞争力等进行合理的分析，方法恰当、内容具体，使项目对目标企业具有较强的说服力。

【例】 2016 年第六届“三创”赛国家级特等奖的“送货神器”项目。

明确市场定位：家具物流界的“滴滴”。

总结：“送货神器”这个项目通过市场分析发现，我国在货运方面存在不足之处，再从货运中提取出“家具”这一小点进行深入，定位准确，具有较强的竞争力。

4. 营销策略（15 分）

这一项要求对营销策略、营销成本、产品与服务定价、营销渠道及其拓展、促销方式等进行深入分析，使项目具有吸引力、可行性和一定的创新性。

【例】 2016 年第六届“三创”赛国家级特等奖第一名的“大川乒乓”项目。

项目分析：从小的一个点出发（容易落地），再到引流（引流点选择准确），最后到盈利。

① 项目启发：篮球有自己的专属网站，那么乒乓球为什么不能有专属网站呢？该项目抓住了市场的需求点。

② 项目落地：创业者运用互联网，建立乒乓球爱好者的社区，提供乒乓球的教学视频，还在业内率先建立了乒乓球类的公众号。

③ 平台引流：结合了其他众多平台，形成了平台间的连锁与导流，将粉丝引到销售、线下活动中去。

④ 盈利点：销售乒乓球周边，比如各式各样的球拍、乒乓球，甚至还可以将一部分教学视频免费分享，而对更进一步的教学视频收费等。

⑤ 深入了解：关注“大川乒乓”的公众号或者搜索它的官网，进行仔

细的研究，发现其官网每个导航栏都较为完善，公众号会定期推送文章。该项目到现在仍然在运营中，是一个踏踏实实落地的成熟项目。

5. 方案实现（20 分）

该内容要求项目通过功能设置、技术实现等，设计并实施具体解决方案，需求分析到位，解决方案设计合理。

根据以往的比赛结果分析，“三创”赛比较重视项目是否真实落地，就是说项目是真正在做，还是说仅仅只是一个很优秀很有创意的想法，仅停留在“概念”而并没有真正地落地。从其 20 分的分值上可以看出，一个好的项目需要落地才能更具有竞争力。

6. 总体评价（20 分）

该项要求项目背景及现状介绍清楚，团队结构合理、工作努力，商业目的明确、合理，公司市场定位准确，创意、创新、创业理念出色，对专家提问理解正确、回答流畅、内容准确可信。

总体评价的分数更注重团队的现场答辩展示，因此团队需要反复斟酌与修改 PPT 和答辩稿，这是唯一可以与评委进行面对面互动与展示的机会，切记不要使用口语化用语进行答辩，要适当包装语言。

（二）单列项分值（可以不打分，每项最高 10 分）

单列项分值是针对比赛除一、二、三等奖外的另外三个奖项而言的，即最佳创意奖、最佳创新奖、最佳创业奖。具体评分细则如表 1-2 所示。

表 1-2　单列项评分细则

评分项目	评分说明	各项满分
创意	有新意、独特思路	10
创新	独创性、技术或模式新颖性	10
创业	完整性、可运行性	10

六、“三创”赛对提升学生能力的影响作用

1. 提高学生的创新意识

创新是世界进步的动力，也是一个民族的灵魂，提高学生的创新意识、培养学生们的创新思维是时代发展需要，是实现我国“科教兴国”的重要途径。

“三创”赛一直秉持着“创新、创意及创业”的要旨，致力于培养大学生的创新意识、创意思维和创业能力，为高校学子搭建一个将专业知识与社会实践相结合的平台，提供一个自由创造、自主运营的空间。相比其他的大学生创业类型比赛，“三创”赛最为显著的特点在于它更加依托于电子商务的运营模式。随着信息技术的快速发展，电子商务也渐渐融入人们生活的方方面面，成为国民经济的重要组成部分。“三创”赛所构造的平台可以最大化学生们的创造力，也正是因为这样，才可以广泛地吸引大学生们参与，通过大赛使其将专业知识与实践相结合，提升创新意识和创业精神。

2. 提高学生的表达沟通能力

当代社会，良好的表达沟通能力已经成为一项必不可少的能力。“石油大王”洛克菲勒说：“假如人际沟通能力也是同糖或咖啡一样的商品的话，我愿意付出比太阳底下任何东西都贵的价格购买这种能力。”由此可见表达沟通能力的重要性。参赛选手在比赛的过程中必须与队友进行有效的沟通。一开始组建团队，队员之间大多不太熟悉，在这种情况下，某一位队员若有很新颖的主意，或是不一样的看法，就需要运用良好的沟通表达能力才能传达给队友。这是对参赛选手一次不可多得的锻炼与磨砺。此外，“三创”赛历经校内赛、省赛、国赛层层选拔，规模越来越大、场合越来越正式、关注度越来越高，能为参赛选手提供一个循序渐进的过程，逐步把他们培

养成为敢表达、能表达、会表达的优秀当代大学生。参赛选手在经历这样一个过程后，其登台演讲、沟通表达能力都会有显著的提高。

3. 养成学生制定计划的习惯

从比赛过程来说，“三创”赛持续时间较长，学生必须对项目的进展有总体的规划才能够不急不缓地按时完成。计划像一座桥，连接我们现在所处的位置和想要去的地方。在制定了计划后，就要努力按照计划进行，而不仅仅将它当作摆设。如果不执行，计划就会成为空话，不仅没有丝毫作用，还会浪费制定的时间；反之，如果能够按照计划一步一步地实行，哪怕遇到一些不可抗因素，最终也会迎刃而解，达成目标。有这样一句话：“没有计划的人生杂乱无章，看似忙碌却是空缺的。”“三创”赛培养学生制定计划、遵循计划的习惯，有助于学生们今后的发展。

第 2 章

点亮创业的“金点子”
——创业机会的发掘

选择什么项目参加“三创“比赛？这是大学生所要面对的问题。参加“三创”比赛不是简单地进行材料撰写与路演答辩，而是进行一项系统性实践活动，创造一个具有新意并且可实行的项目才是重点。

大学生参加“三创”比赛本质上应该进行注重科技创新、模式创意的创业实践。很多学生的参赛作品创新科技含量不够，创新价值不高，因此难以获得理想的成绩；也有很多学生用简单的服务型项目参加创业比赛，结果也不理想。

在寻找创新项目时，要记住：不要尝试颠覆式创新，要做微创新。

所谓微创新，是指在社会中现有的创业项目基础上，发现可以改进的地方进行创新，或者出于对生活的观察和热爱，而对一些存在的现象、内容进行改变。

许多缺少经验的创业者喜欢创造新开发的、市场上从来没有的项目，虽然这些项目存在着很大的市场潜力，但由于刚刚起步的创业者本身没有足够的经验，且新项目比市场已有的项目存在更大的风险，所以颠覆式创新的项目，会增加参赛获奖的难度。颠覆性创新项目如果没有真正立地创业成功，评委是无法评判此项目的市场性与落地性的，因而此类项目不适合参加比赛。

本章将系统介绍如何发掘合适的创业点子并参赛。

一、创业机会发掘

创业机会的发掘能力不是天生的，它往往与创业者自身的认知水平、经验背景等因素有着密切联系，这种能力可以通过后天习得。创业机会可以通过以下三种方法进行发掘。

（一）逆流而上的问题法

“生活处处有发现，创业处处有机会。”有时候我们不是缺少创业机会，而是缺少发现问题的眼睛。大学生创业要有发现“痛点”的意识，在生活中要善于找问题，勤于思问题。一些小问题小困难，通过自己的办法去优化或者解决，就有可能成为发现创业机会的重要途径。

1. 发现问题、发明创造是源泉

发现问题，并据此进行创造发明，是获取创业机会的一种方式。“YOUNG·生”团队成员因看到家乡桃花凋落的景象，感叹桃花被观赏之后落地化为粪土的浪费，从而创建“YOUNG·生”项目，充分利用桃花花瓣的价值，结合学校国家生物实验室的精油提取技术生产出产品。该项目一方面达到了减少桃花浪费，为偏远地区创造收益的目标，另一方面填补了现在精油市场桃花精油缺乏的市场空缺。

2. 寻找痛点、变更渠道是秘诀

善于寻找“痛点”，改变渠道通路，是大学生获取创业机会的另一个秘诀。“实习僧”App 的诞生就来自这样的过程。“勤工俭学”“在校兼职”是很多大学生在校生涯的一个“选修课”。该团队的成员由于在寻找兼职的过程中，屡屡遭遇骗局，三番五次被以办理“打工卡”、收取“培训费”“服装费”的伎俩欺骗后，萌生了做一款靠谱的兼职推介 App 的想法，为大学生兼职提供一个信息安全可靠的渠道，于是“实习僧”App 应运而生。

（二）迎风扬帆的趋势法

趋势指事物变化发展的新方向。新科技的发明、消费结构升级、城市化加速、思想观念的改变、政府政策的变革都可以是创业机会依托的趋势。目前物联网、VR 技术、AR 技术、人工智能技术蓬勃发展，技术创新、新科技创业成为大学生创业发展的新趋势。但对于“三创”赛来说，我们还应该结合其特性，参赛项目应当不仅仅只有技术，还应结合电子商务，才更有竞争力。

例如随着“二胎”政策的推广和“育儿”思想观念的转变，儿童教育成为创业的新热土，西南交通大学 2019 年获国家特等奖第二名的项目“慧读慧写”就是针对这一领域进行了创业，获得了较好的成绩。

（三）整而合之的组合法

组合就是把两个看似不相关的东西混搭到一起，通过一定方式进行整合从而起到一加一大于二的效果。组合的方式可以是功能的组合、形态的组合、合作的组合、渠道的组合等。比如，随着淘宝直播和抖音、快手等短视频 App 的火热，“直播 + ”“短视频 + ”成为“互联网 + ”创业的最新趋势，催生了一批“互联 + ”新渠道组合的创业，比如直播私教指导、远程家教、无忧代购等。

二、项目选择

1. 选自己最熟悉的

做生意的人常说一句话：“不熟不做”。意思就是说，如果有十个人做同样生意，最挣钱的一定是那个最熟悉这个行业的人。而作为参加比赛的选手，选择一个自己熟悉的领域，可以让我们清楚自己需要做什么，从而在项目建立上少走弯路。

2. 选即将兴旺的

一个新兴的产业出现之际，必然能够提供大量的创业机会，引发创业热潮，产业连锁反应。例如电脑的出现，引发了大量的针对上下游相关产品与配套服务的创业机会。

3. 选最有市场潜力的

创业路上，往往是只有 20% 的人在做的事，才有机会；而 80% 人都在做的事，就已经没有市场机会了。

4. 选市场空白

我们可以将顾客需要分成几大类：衣、食、住、行、玩、交际。哪些项目是市场缺乏的？哪些项目是别人目前做得很失败的？这些都需要加以考虑分析。如：衣着、饮食、市场空白可以说无处不在，关键是要做一个善于发现的有心人。研究创意的专家认为没有平时的积累，是不可能产生创意的，感受与观察非常重要。例如：当旧金山形成淘金热时，无数人满怀希望奔向金山，而有人却看到供应“坚固耐用的帆布牛仔裤”的商机。

5. 选特色

创新是项目的生命，持续创新是项目在赛场上唯一的生存之路。参赛者选择的项目要有一定的创新性，但不需要选择全新的项目。对于全新的项目来说，市场推广的难度会非常大，风险也非常高。一般来说，创业者可在项目上进行国际水平跟踪性、局部性的改良，可以将现有各领域中先进的东西引入自己的项目，进行组合创新。

6. 选择国家政策鼓励的行业

参赛者在选择自己的项目时，可以以国家政策为导向，要知道哪些行业是国家政策鼓励和支持的，哪些行业是国家政策允许的，哪些行业是国家政策限制的。要尽量选择国家政策鼓励和支持、有发展前景的行业。扶贫助农、文化传承等相关项目在当前赛场上是较火的潮流。

三、选择创业项目的注意事项

1. 切勿盲目跟风

创业者要清楚认识自己与别人在条件上的差异，如果不做调查分析而盲目跟风，最终可能会失败。从事市场中的热门行业的人不见得都会赚钱；有时，一些暂时的冷门行业可能反而有更好的前景。

2. 要关注机会窗口

创业者选择了适当的创业机会，还需要在适当的时间段内启动创业、进入市场，这一适当的时间段，就是创业的机会窗口。换言之，特定的创业机会仅存在于特定的时间段内，创业者只有在这一时间段内启动创业、进入市场，才有可能获得相应的商业回报；相反，如果创业者在机会窗口敞开之前或之后行动，有可能血本无归。一般而言，特定机会的时间跨度越大，市场成长性越好，机会窗口也就越大。

四、对创业项目进行商机评估

当发现一个具有创新创意的项目后，创业者往往会对所选的创业项目的前景寄予很高的期望，对创业项目在未来所能带来的丰厚利润满怀信心。但在创业过程中会出现一些意料不到的情况，所以需要对该项目的可行性做出商机评估，其目的是确定这个项目是否值得经营。在进行评估前创业者需要做充分的市场调研，形成有效的判断。通过可行性研究可以确定这个项目是不是具有成功潜力的。

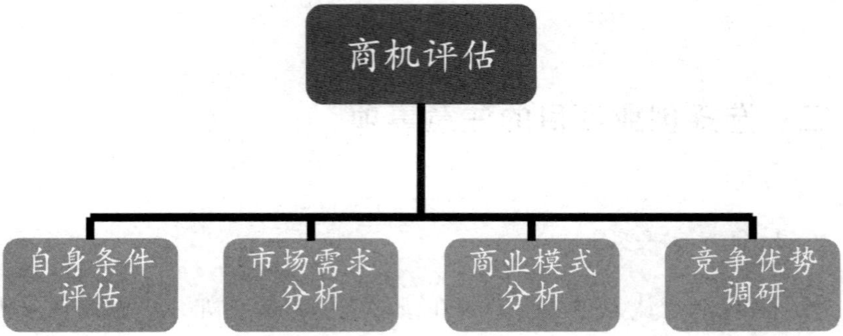

图 2-1 商机评估图

（一）自身条件评估——你准备好了吗？

史玉柱说：“当你准备做一件事时，认为已经准备得很充分了、很完美了，但做时才发现，原来还有 80% 的事情是自己还没有想到的。”

在决定参赛项目时，需要充分地考虑自己是否已经基本熟悉该项目所在领域、是否有一定的社交网络可以支持自己的项目、是否有意志力和主动性完成比赛。同时按照“三创”赛要求的九类内容分析项目是否符合比赛的要求。

（二）市场需求分析——任何成功的企业，都是以市场为导向的

如果生产出来的产品没有市场，市场需求量低，这样的项目不能被选择用来参赛。

若产品没有市场，可从产品性质、项目特色、市场评估三方面分析原因。

1. 产品性质

导致产品没有市场的根本原因有三点：一是质次价高；二是产品的安全性能不达标；三是产品的质量不符合标准。产品应物美价廉、安全可靠、质量达标，这是市场中对项目产品的基本要求。

2. 项目特点

选择的项目一定要有“根”，即项目生命的根子、生存的权利、活下去的条件。具体可以表示成四句话：别人没有的；先人发现的；与人不同的；有强人之处的。

“别人没有的”，可以是某种资源与某种特定需要的联系，可以是某种公认资源的新商业价值。例如：一个走亲戚的人发现附近的山上有白色的土，可以制作陶器，他又进一步了解到附近有铁路。于是他利用这块下面有陶土的地，卖起陶土来。

“有强人之处的”，是指一个项目中不论哪个方面，哪怕是一点，高人一筹、优人一档就是根。比方说成本，“世界500强”排名第一的是零售企业沃尔玛，它能够把管理费用控制在销售额的2%。据说，他们总部的办公室像卡车终点站的司机休息室，可见他们为降低成本而付出的努力。

3. 市场评估

对创业项目市场方面的评估应包括市场定位、市场结构、市场规模、市场渗透力等方面。

（1）市场定位。评估创业项目时，创业者可由市场定位是否明确、顾客需求分析是否清晰、顾客接触通道是否畅通、产品是否持续衍生等来判断创业项目可能创造的市场价值。产品或服务带给顾客的价值越高，创业成功的机会就越大。

（2）市场结构。对创业项目的市场结构应进行五项分析：进入障碍、供货商与顾客、经销商的谈判力量、替代性产品的威胁和市场内部竞争的激烈程度。创业者可以由此预测企业在未来市场中的地位及可能遭遇竞争对手反击的程度。

（3）市场规模。如果市场规模大，新企业进入的障碍相对较低，市场竞争激烈程度也会比较小；如果新企业进入的是一个十分成熟的市场，那么利润空间将会很小，创业者应谨慎进入；如果新企业进入的是一个成长中的市场，只要时机正确，必然会有获利的空间。

（4）市场渗透力。对于一个具有巨大市场潜力的创业机会，市场渗透力的评估非常重要的。创业者应该选择在最佳的时机进入市场，即在市场需求即将大幅增长的时候进入市场。

（三）商业模式探讨

管理学大师德鲁克曾说过：“当今企业之间的竞争，不是产品之间的竞争，而是商业模式之间的竞争。”由此可见，企业的商业模式会得到越来越多的创业者的重视。好的商业模式能够帮助新创企业快速、健康地成长，从而提高创业的成功率。在知识经济时代，商业模式的创新一直是创业者关注的焦点。

完整的商业模式体系一般包括产品或服务定位、自由现金流结构、业务系统、关键资源能力、盈利模式和企业价值等部分。这几个部分相互联系，并形成一个动力机制，为企业创造价值、传递价值和获取价值。

相比于国内的其他大学生创业大赛，“三创”赛更加依托于电子商务运营模式，比赛更加注重信息技术在创业过程中的重要地位。

随着信息技术的快速发展，电子商务成为国民经济和社会信息化的重要组成部分。近几年我国的电子商务发展进程突飞猛进，电子商务以其低成本、低风险、收益快等特点虏获了很多创业者的心。为了以创业带动就业，通过开展“三创”赛，来培养大学生们的创意思维、创新意识和创业能力。

很多人提到电子商务的第一反应就是“网店”,其实这个理解并没有错，只是有失偏颇。电子商务是传统商务模式的线上运作，是一个学科交叉复杂的门类。它的产品营销、项目推广、服务提供都是在线上进行的，它对平台的依附性更大，对信息技术的依赖也更大。

拓展资料

在电子商务方面，根据性质的不同，参与者可以分为企业（Business，B)、消费者（Customer，C)、政府（Government，G)，由此形成的商业模式有 B2B、B2C、C2C、B2G、C2G，创业者可以从其中寻找适合自己的商业模式。

1. B2B

B2B 是指进行电子商务交易的供需双方都是商家（企业或公司)，他们使用互联网技术或利用各种商务网络平台，完成商务交易的过程。B2B 模式主要包含以下三个要素。

（1）买卖。B2B 平台为消费者提供质优价廉的商品，吸引消费者购买的同时促使更多商家入驻。

（2）合作。与物流公司建立合作关系，为消费者的购买行为提供最终保障，是 B2B 平台的硬性条件之一。

（3）服务。物流主要为消费者提供购买服务，从而实现再一次交易。

2. B2C

B2C 是企业对消费者的电子商务模式。这种形式的电子商务活动一般以网络零售业为主，使用互联网技术为消费者提供一个新型的购物环境——网上商店，消费者通过网络实现线上购物、线上支付。

3. C2C

C2C 是个人与个人之间的电子商务。例如，一个消费者有一台电脑，通过网络把它出售给另外一个消费者，此种交易类型就称为 C2C 电子商务。

4. B2G

B2G 是企业与政府之间通过网络进行交易活动的运作模式，如电子通关、电子报税等。例如，一个提供 B2G 服务的网站可以提供单一地方的业务，为一级或多级政府（城市、州或省、国家等）来定位应用程序和税款格式、更新企业的信息、请求回答特定的问题等。

5. C2G

C2G 是消费者与行政机构间的电子商务，指的是政府对个人的电子商务活动，如政府采购、个人网上报关报税等。

（四）竞争者和竞争优势研究——知己知彼，百战不殆

项目是否能够自我保护，包括保护企业自身的专利技术、品牌的差异化、独特的营销网络、商业机密或领先优势等，是创业市场和比赛赛场上尤为看中的一点。一个项目至少要保证在以上几项中占有 1 ~ 2 项，才不容易被替代，具有较强的竞争优势。其中，开展专利战是近年来科技公司的重要策略。在比赛过程中，如果项目具有独有的技术点，要积极申请专利，提高竞争力。

我们还可以通过以下九宫格（见图 2-2），掌握和分析自己与其他项目的信息，找到自己的生存空间与竞争优势。

路在脚下——总之，选择项目要认真考虑，做好市场调查与可行性分析，选择一个既适合自己又有利可图的项目，一步一个脚印地往前走，把它做实、做好、做大，才能在比赛中拿出一个符合市场需求的项目。

产品	收益	风险
市场	项目	财务
营销	生产	团队

图 2-2　竞争优势研究九宫格

五、比赛小密道

关注 36 氪、创业邦、i 黑马、IT 桔子、月光博客等媒体，通过他们去了解中国创业者在做什么项目，中国投资人在投资什么项目。

毫无疑问，如果一些项目有人正在做，这说明项目是可行的、有前途的，但这些项目不可能都是完美的，是有改进余地的，换句话说，是可以通过创新变得更好的项目。而我们要做的，就是找到适合自己去做的项目，分析他们目前存在的问题，提出创新的解决方案，这样就能获得一个用来参加比赛的创新创业项目。因此关注创业相关的媒体信息，可以说是参加“三创”赛、找到项目的快捷“小密道”。

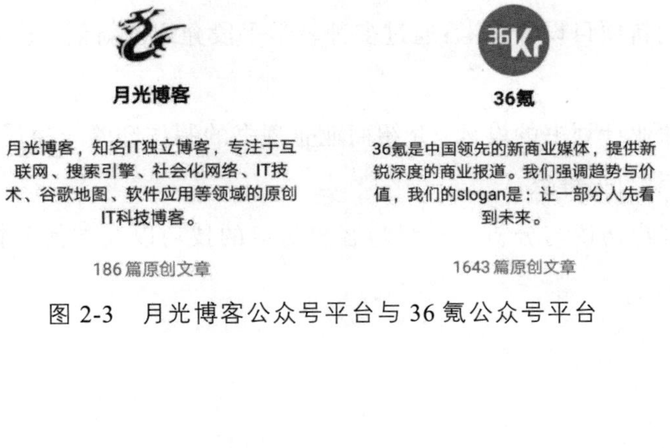

图 2-3　月光博客公众号平台与 36 氪公众号平台

六、校园特色课程

随着“大众创业、万众创新”的潮流的到来，高校对于创新创业的教育愈发重视，很多高校都开启了相关的创业培训课程，参赛者可以参加该类特色培养课程，在实践中寻找创业项目。

下面以西南交通大学开设特色创业课程——“创新创业创青春”为例进行介绍。

“创新创业创青春”围绕“创”为主题， 邀请来自不同学校、不同领域的双创名师，为同学们带来丰富多彩、别具一格的创新创业课程。课堂上老师们分享创新实例、启发创新思维、传授创新方法。同学们将创新理论运用于创业实战，通过实地走访调研、孵化创业项目、参与双创竞赛深入感悟精益创业思想、体验创业过程。“创新创业创青春”课程不仅充分利用线下时间教学，还同时在中国大学慕课平台上线同名中英文课程，课程参与人数累积已有一万余人。此外，课程面向大众打造课程公众号，并在其上发布相关网络课程，记录课堂点滴，同时定期线上分享《精益创业》并推送至课程公众号便于同学们预习和回顾，也帮助更多人学习了解“创新创业”。

同学们通过这样的特色创业课程，能够在生活中发现创业机会，在课程设计的流程中将想法付诸实践，做到“无奋斗，不青春”。

课程内容：

① 创新理念植入：了解创新的由来，掌握创新相关的基本概念。

② 创新项目设计思考:通过多种教学手段介绍创新创业需要注意的细节与关键。

③ 商业计划书的设计：介绍商业企划书的制作经验与建议，讲解答辩PPT的细节与关键点。

④ 客户访谈与分析：介绍与客户访谈的技巧以及如何分析访谈后获得的资料。

图 2-4　西南交大创新创业创青春课程

⑤ TRIZ 创新方法：总结前人发明创造经验，掌握创新方法，更高效提出具有现实意义的创新点。

⑥ 新媒体创业：以抖商为例，列举当前互联网时代如何充分利用新媒体介质完成创业的方法。

⑦ 创业实训—商业模式：以实训的方式，在小组形式下，从课本到知识，提供一套完整的商业经营模式体系。

⑧ 品牌与营销：了解品牌的定义与相关基础，了解营销的方法和手段。

⑨ PPT 演示中的视觉锤和视觉引导：介绍如何有效地在 PPT 演示中利用视觉锤和视觉引导，突出自己的优势，巧妙地掩盖自己的劣势。

⑩ 创业路演：创业路演是比赛中的最后一个环节，也是在现实中探究

项目是否具有商业可行性的重要部分。课程包含各创业项目的总结汇报，模拟全国大学生“互联网+”、“三创赛”等创业比赛路演答辩现场，让同学们体会站在评委视角看比赛的感受，了解路演背后的技巧与陷阱。

从西南交通大学的创新课程我们可以看到，该课程内容覆盖创新想法和创业项目，让学生了解“提出—发展—完善”的创业流程，在课程中形成自己的创新创意创业项目。加入此类课程，可谓参赛的“捷径”。

第 3 章

寻找梦想合伙人
——创业团队的组建

创业如同拔河比赛，“人心齐泰山移”；又如同赛龙舟，步调一致，不偏不倚，才能独占鳌头。如果想在“三创”赛中取得傲人的成绩，一个优秀的团队是前提。有句俗话说：“宁愿要一流的人才和二流的项目，也不要一流的项目和二流人才。”找到一群并肩作战的队友一起联手打天下非常重要。

本章在讲述如何组建一个完美的团队之前，先对“三创”赛有关团队组建的相关规则进行介绍，分为参赛对象、参赛方式和参赛队人数三点。

① 参赛对象：学生和老师，其中学生要求为经教育部批准的普通高等学校的在校大学生；而高校教师则分为在学生队伍中作为指导老师者和在师生混合队伍中作为参赛选手。

② 参赛方式：分为学生队与师生混合队两类，学

生队的队长和队员全部由全日制在校学生组成；而师生混合队则队长必须为教师，并且团队队员中学生数量必须多于教师数量。

③ 参赛队人数：参赛选手每人每年只能参加一个题目的竞赛，参赛队伍最少 3 人，最多 5 人。

一、领军人物——队长

“领军人物好比是阿拉伯数字中的 1，有了这个 1，带上一个 0，它就是 10，两个 0 就是 100，三个 0 就是 1 000。”——联想创始人柳传志如是说道。

“三创”赛作为一个大学生创新、创意和创业的比赛，它鼓励学生在大学期间进行创业，开拓创新精神、完善创意思维、体验创业过程，通过团队协作的方式完成一个时间周期较长的比赛——“三创”赛的时间周期一般在 5 个月左右，如果是一个真正落地的创业项目，则至少需要 1 年的时间进行运营。

在团队中首先应该有一位具有活力、具有包容心、具有敏锐的思考力和观察力、懂得激励机制的队长。

具有活力意味着队长需个人精力充沛，有行动力和向前冲的劲头，不能因为长时间的比赛周期而轻易被消磨掉热情。如果领军人物不再具有积极向上的心态，容易导致整个团队缺少活力。

具有包容心是指队长应该有愿意付出、宽广的心胸，黄元吉《流星马》有句：“大度豁达义气深，决胜千里辨输赢。”古往今来，但凡事业有突出业绩、取得成就的领袖人物，绝对不是小肚鸡肠、谨小慎微的人，反之，他们都是襟怀坦荡、宽宏大量、豁达大度的人。同样，比赛中难免会遇到一些困难，例如团队成员意见不合或一些细小杂乱的琐事，这就需要队长发挥作用，不过度计较个人的得失，而是为团队着想，尽力解决问题并调节团队矛盾。

具有敏锐的思考力和观察力的队长，可以称之为具有智慧的人。他可以在团队进行比赛的过程中，利用其敏锐的观察力和思考力，抓住比赛项目的创新点以及市场机会，为项目的发展制定目标。

懂得激励制度的队长，应该具有能调动和鼓励他人的能力，其感染力和热情能够使组织的机能发挥到极致。他可以快速准确地发现团队每个成员的特点、喜好与个人能力，根据每个人的特性进行团队内的任务分工。在比赛的过程中适当活跃气氛，组织团队成员进行团建活动如吃火锅、去游乐场等，可以有效地使成员之间变得更加亲密，还可以释放创业过程中所产生的压力，这些都属于激励的一部分。

领军人物主要负责以下这些事务。

① 带队伍：在团队中充当教练的角色，对团队成员进行传、帮、带，帮助其成长，以德服人。

② 及时处理冲突：最重要的是快速处理冲突、安抚人心。

③ 信息流动：确定工作范围和建立工作流程，加快团队内信息的流动，做好沟通工作。

④ 透明决策：鼓励团队成员对于项目方向选择等决策问题积极参与，使成员对决策承担责任，增加其主人翁意识。

⑤ 组织活动：多组织团队间的活动，增进团队成员间的相互了解与信任。

在比赛这段漫长的时间里使团队保持活力、团结力，是每一位队长需要努力的方向，这样能保证整个团队不会放弃或者对比赛懈怠，一起向目标前进。

二、团队互补性目标职能定位

创业大赛关注的核心并不是成功的个体创业者，而是卓有成效的创业团队。在当今社会中，一个极具市场竞争力的项目的诞生不能单凭一个人的力量，而是需要一个创业团队一起努力。

（一）经典西游记团队分析

战胜困难的过程，就是战胜自我的过程，就是融入团队的过程，也是自我成长的过程。以我国经典的四大名著之一《西游记》为例进行分析，其中西天取经的四人，就构建成了一个完美的团队，进行了很好的协作。具体分析这个经典团队的构成如下。

（1）完美型的唐僧：他目光远大，目标明确，有组织设计能力，注重行为规范和工作的高标准，他担任了团队的主管。如果一个团队中没有唐僧这样的人，这个团队就很难凝聚起来。

（2）力量型的孙悟空：他干劲十足，崇尚行动，解决问题不过夜，注重工作的结果。他能够迅速理解和完成当前团队的任务，是团队的业务骨干。如果一个团队中没有孙悟空这样的人物，任务进程很难实现推进，远大抱负将很可能化为泡影。

（3）活泼型的猪八戒：他热情奔放、感情外露，善于活跃工作气氛，承担了团队的公共关系工作。他帮助每一位同事并使工作变得有趣。如果一个团队中没有猪八戒这样的人物，我们可以想象这个团队是多么枯燥乏味和令人厌倦。

（4）和平型的沙和尚：他平和、冷静、有耐心，承担了团队的事务性工作。事实证明，他能够胜任这份工作并且持之以恒，而且能够在压力下保持冷静。别看这类人平时默默无闻，可每次到了关键时刻他都能够稳定局面。

健康的组织里需要集合四种性格之人，而每一种性格的人都有其不可替代的优势，但同时也无法取代别人的长处。我们有理由相信一支团队中的成员如果全部由唐僧、全部由孙悟空或者全部由猪八戒、全部由沙和尚性格类型的人组成，那么，这支团队肯定不会是一支理想的团队。

（二）创业比赛团队组建

那么，想要参加创业比赛并取得好成绩的我们，应该如何组建一个高效率团队呢？组建一个优秀创业团队时，成员间知识结构越合理，成功的概率也就越大。就像纯粹的技术人员组成的公司容易将重心全都倾注在技术上而使产品与市场需求脱节，不利于企业运营；而全部是销售人员组成的创业团队也会因为没有核心竞争力而无法与其他团队竞争。因此，在创业团队的成员选择时，必须考虑个体的知识结构。如果没有考虑到队员们之间不同专业的搭配互补，这个团队的思维就有了一定的局限性。

从比赛要求上来说，一个团队由 5 名学生、2 名企业导师以及 2 名指导老师组成，我们首先研究 5 名学生的组成结构。

本书根据“YOUNG · 生”团队比赛的经验，从团队成员分工方面，总结了高效率比赛团队所要具备的人员分配。

（1）答辩人。答辩人需要口齿清晰、声音洪亮、语速适中，可以在答辩现场充分地展示项目最吸引眼球的地方，灵活地掌控答辩现场。对于像“三创”赛这样通过现场答辩展示的比赛，答辩人是极为重要的存在，好的答辩人可以在短短 8 分钟内给予评委更多的好印象。

（2）电子商务技术人员。电子商务高速入侵我们生活的时代，传统商业活动的电子化、网络化注定是一个不可逆转的时代大潮。在团队中需要有人掌握电子商务的相关技术，如网站、公众号和小程序的建立，线上商城的运营等。除此之外，技术人员还应该具有信息处理的能力，在信息时代，如果没有对各种信息进行集中处理的能力，那么在面对海量的信息时，就会被各种各样的无关信息牵绊阻碍。在大量的信息中提取对企业运营有用的东西，可以使企业获得较大的发展优势，这也是拥有技术人员的创业团队的优势。

（3）美工。美工即“手艺人”，很多团队在组队的时候可能会忽略美工的存在。但是，美工对于创业团队来说非常重要，他可以完成团队中很多细节工作，方便创业的进行。如产品的平面设计，团队 logo、答辩 PPT 的制作和美化、展示视频的编辑等。美工不是完全独立的工作，而是穿插在其他工作当中，可以为项目的发展提供基础保障。

（4）策划书撰写。策划书是答辩现场展示的一个重要部分，所以我们需要学习掌握如何撰写优质的策划书。撰写人要具有一定的文笔，可以用文字简洁有力地进行表述，让阅读者可以快速清晰地了解项目内容。

（5）财务分析。财务分析与管理部分是相对专业的工作，要求根据所建立的创业项目构建一个清晰的预算分析框架，让管理层在阅读时一目了然，直接抓住重点。这需要会计相关专业的同学担任该项工作。

（6）外联。对外联络是项目的眼睛。创业离不开对市场的调查、对目标客户的维系和与相关领域其他创业者的联系，也离不开与组委会、其他团队和指导老师的交流。所以外联人员需要具备很好的沟通交流能力，时刻保持对市场变化的敏锐性。

（7）项目相关技术人员。根据所做的创业项目不同，需要有掌握不同行业相关技术的人才存在，如西南交通大学今年“挑战杯”创业项目“高铁教练”，其主要内容是发挥学校的优势，进行高铁驾驶方面的教学。因此团队中必定存在对交通运输方面有所了解、掌握的队员，这样才可以保证项目的顺利进行。

团队组建强调成员之间的技能具有互补性，每个人拥有的不同的知识、技术和经验的组合有利于项目的发展。如果一个团队成员所缺少的东西可以由另一个或者更多其他成员提供，那么，整体将会大于各部分之和。以上所提到的 7 点并不是说每个人都应该具备所有相应的技能，而是团队中每个人需要具备一个以上的相关技能，以保证整个团队包含以上 7 种能完成专业工作的人员。

一个优秀的团队，并不是优秀人才的笼统集合，而应该是具备不同能力、不同技能、不同思想的人的有结构的合体。在这个团队里，每个人都可以找到自己专属的地位，将自己所学贡献给所在的团队。每个人扮演不同的角色，发挥不同的作用，这样的团队才是健康向上的，也才可以将团队的优势最大化。

团队中不应当有不负责任何事情的成员，这非常影响团队团结和其他成员的积极性。每个人都要有自己明确的独立的负责部分，不能相互重叠，也不能留有无人负责部分。另外，个人在做好自身工作外也要了解其他人负责的内容。

了解团队建设之后，我们再来分析如何选择指导老师。很多时候指导老师在比赛中会起到关键的作用，一般学生为第一次参加“三创”赛，只是通过官网或者联系之前参加过“三创”赛的同学了解到一些比赛相关内容，这些知识只是“三创”赛比赛知识体系中的凤毛麟角，一位有比赛经验的学校指导老师会带来更多有针对性的帮助。

（1）学校指导老师。很多大学生并没有真正理解创新创业比赛的流程，也没有真正把握参加创新创业比赛的方法。一般学校会分配几位指导老师专门负责该项比赛，他们对于比赛流程研究得较为透彻，我们可以从之前参加过“三创”赛的同学和学校比赛报道中了解导师的情况。

“YOUNG · 生”团队在决定参加比赛初始，将导师锁定为笔者——西南交通大学苗苗老师，通过了解得知其为全国万名优秀创新创业导师、四川省创新创业导师、成都市政府绩效考核特聘专家、全国电子商务专业指导委员会理事，具有多年的创业指导经验。并且在网站中了解到苗苗老师在之前的多届“三创”赛中，带领团队获得了优秀的成绩，总结如图 3-1 所示。

（2）企业指导老师。首先参赛者应该确定自己参赛项目的所属行业，在行业中寻找企业导师。向合适的人了解行业情况，学习创业经验。有时可以向学校导师求助，询问其是否有相关资源。

图 3-1 “三创”赛最佳指导老师苗苗项目指导获奖情况

值得一提的是，无论是企业导师还是学校导师，能够与学生队员面对面交流的机会都不多。所以在每次难得的面对面交流前要做足准备，以保证高效沟通；其他时候则要学会通过邮件、QQ、微信讨论交流，保持与导师们的联系畅通。

从某种意义上来讲，不同专业、类型互补的同学组建为一个团队，可以使成员们在比赛的过程中相互学习，相互分享自己的新技能、新方法，不同思维模式的碰撞更容易产生绝美的火花。

三、团队组建

（一）寻找队友的途径

1. 根据专业选择队友

虽然“三创”赛是电子商务大赛，但并不意味着其面向的对象仅仅是电子商务专业的学生，也不意味着这个比赛只有经济管理类学生才适合参加，其他非经济管理类的学生也可以或者说也应该广泛地参与进来。

利用专业进行选择首先需要根据前文提到的几点进行队友类型的确定，从相关专业中找到志趣相投的同学。比如要完成财务工作，就要专门去财务管理专业寻找队友。

2. 参加创新创业讲座和课程

在参赛期间，参赛者应该积极参加相关讲座和课程，这不仅可以让参赛者充分掌握比赛流程，还可以帮助其寻找到志同道合的队友。第二章中所提到的创新创业课程就是很好的机会，一般参加此类课程的同学都是具有创业意向的。通过观察课堂表现与私下沟通，可以充分了解每位成员的擅长点，易找到符合自己项目的合作者。

3. 群聊及学校特色公众号

群聊是比赛过程中最常见的交流渠道，每个比赛学校相关承办单位一定会建立群聊，并在其中通知比赛信息。在群聊中也不乏想要组队的同学，参赛者可以在群聊中发布寻找队友的消息，明确标出团队需要具备什么能力的队友，从而精准定位合作者类型。

学校特色公众号根据学校不同或有或无，这需要参赛者在校内了解寻找。公众号的类型有官方信息发布号、学姐学长创建的福利公众号，参赛者都可以在其中发布项目信息并进行队友寻觅。

4. 查看历史比赛获奖人员进行联系

可以通过官网查找之前比赛获得奖项的同学进行联系。他们具有较多的比赛经验，了解比赛中的技巧，更容易发现项目的优缺点，如果有他们的加入，定会使团队走得更远。

还可以发挥人脉的优势，通过身边的同学和老师进行联系，向他们介绍自己的项目，询问其是否有兴趣参加，或询问该项目是否符合比赛要求。

（二）团队组建及分工步骤

（1）团队成员广泛地同企业界人士、专家、目标客户等共同讨论确定企业的主要活动，探讨哪些特定的领域将影响新企业的生存与发展。

（2）根据所选项目的特点，运用比较优势理论来确定团队成员。

（3）列出所有团队成员所擅长的领域。

（4）将项目的主要活动分配给所有的团队成员。

（5）根据比赛进程所需进行人员合理分工，达到同时工作的效果，提高效率。

四、团队建设

雷锋说："一滴水只有放进大海里才永远不会干涸，一个人只有当他把自己和集体事业融合在一起的时候才能最有力量。"只有成员融入团队当中，才能提高团队工作效率。作为学生的参赛者，保持思维活跃，各有主见的同时又进行团队协作，每位成员一心为团队做贡献，对比赛取得成功至关重要。

定期的团队建设活动能改变成员的观念，使他们和团队真正融为一体，让他们从思想上认为团队就是他们的家，他们就是这个家庭中的成员，从而加深团队成员的主人翁意识。

团队精神的重要性主要通过三个方面表现出来。

首先是团队的凝聚力。团队的凝聚力是针对团队和成员之间的关系而言的，表现为团队成员强烈的归属感和一体性，即每个成员都能感受到自己是团队当中的一分子，把个人工作和团队目标联系在一起，对团队的成功感到自豪，对团队的困境感到忧虑。要达到这样的效果，就要针对每个成员的特性将工作公平合理地安排给大家，使队员没有被忽视、被区别对待的感觉。

"YOUNG·生"团队在建设团队凝聚力时，利用的是共同工作的方式，来加强队员合作感和归属感。在备赛前期，团队走访市场时，均为全体出动，市场调研以后，团队会进行总结，相互交流，对调查的感想与领悟进行分类，完善立项思路。在备赛后期，“YOUNG · 生”团队借用一间工作室，利用大家的空余时间——工作日每晚 7 点到凌晨 4 点，周末早 9 点到晚 11 点，一遍遍进行项目策划书和答辩稿的修改。成员们在个人工作遇到困难时相互帮助，积极交流，有效地解决问题，加快了后期项目建设。比赛后团队成员仍不时地想起当初一起熬夜、吃外卖、市场调研等团体活动的时刻，团队间的信任与凝聚力可见一斑。

其次是团队的合作意识。团队的合作意识是指团队成员相互协作、共为一体，团队成员之间相互依存，互相敬重，彼此宽容和尊重个性差异，彼此之间形成一种信任关系，相互帮助和共同提高。在工作过程中，成员间要多沟通、多交流、多体谅、多关心，敢于说出问题所在，不带着问题过夜，这样才有利于工作任务的完成。良好的合作氛围是建立高效团队的基础，没有合作就无法取得优秀的成绩。这些需要队长进行调节，或者之前约定好“有问题，大胆说”的工作方式。在工作中，还可以根据每个人的个性安排合作，让大家在合作中互相了解、互相适应。

最后是团队士气。团队士气是团队精神的一个重要方面，是一种为团队目标而奋斗的精神状态。作为团队负责人，要时常关注成员士气的高低，可以定期组织团建活动，让团队不仅仅是工作的地方，也是互相帮助生活的地方。比如：阶段性比赛过后的聚餐、节日的小礼物、课程问题相互帮助等，这都可以使团队始终保持着高度的活跃性，可以有效提高工作效率。

五、问题解决

人都是有差异的，一个多元化人才组成的团队，在比赛的过程中必定会出现意见不合的情况，解决这些小的摩擦是每个团队必须要经历的。

让我们通过与之前参加过比赛的同学的对话了解一下。

Q：请问在比赛当中遇到了哪些困难又是如何解决的呢？

A：我觉得我们项目遇到最大的困难，是在最开始确定项目方向的时候，当时我们有很多想法，但是一直没有办法形成一个完整的框架，毕竟项目需要有几个侧重点，我们也没有办法做到面面俱到，所以当时感觉是挺难突破的。我记得当时因为这个问题，找了很多老师，问了不少有过项目经验的学长学姐,最后我们再分析各个思路的优缺点以及实施的可行性。同时指导老师也提到，项目不用面面俱到，而是从一个点进行切入，将小点做成亮点。综合建议，权衡利弊，最后确定了最适合我们的方向。

Q：请问比赛过程中小组成员意见会不会出现分歧？如果出现是怎么解决的呢？

A：总体来说，我们参赛小组的成员都非常团结，大家的争论焦点也多是围绕着项目本身如何可以更好地开展，这样的意见分歧其实本身也是一种对于小组成员的正向激励。但有时候不乏会出现小矛盾，比如分工不均衡、时间安排不合理、对项目的意见不合等，团队比较注重营造一种有意见就当面说出来解决，被提意见者不生气的氛围，大家通过交流沟通才能快速有效地解决问题，而不是私下里斗气影响团队和谐。

Q：你认为导致团队成员不和的原因是什么？

A：在组队时我们只注重了成员的个人技能和项目是否匹配，但没有注意成员的个性特征和性格。在比赛的初期，我们团队同甘共苦，怀着满腔的创业热情而工作，在这种情况下，团队成员的个性上的差异和处理问题的不同态度就容易被掩盖，而一旦团队成员相互熟悉，由于个性冲突而导致的矛盾就会激化。

对于团队来说，成员都是来自不同的环境，对于问题的见解都有所不同，每个人会从自己所擅长的领域去看待问题，所以导致了团队矛盾的发生。但这种矛盾是对项目有利的，只有在这种情况下，不断探讨改进项目，才能不断进步，达到整体大于部分之和“1+1>2”的共赢效果。其实比赛的真正意义不也就是在过程中完善自我、提升自我吗?

Q：你觉得一支完整的队伍需要具备什么样的品质?

A：一支完整的团队最重要的品质就是每个人都能独当一面，可能有的人会说要专业技术匹配，有的人会说要团队能力强，但是我认为最重要的是每个人都要有责任心，因为在相对较长的比赛周期以及更加艰难的创业历练当中会有很多突发情况和不尽如人意的事情，责任心和共同梦想是让数个零散的个人成为一个团队的最重要的黏合剂。

第 4 章

绘制创业蓝图
——商业计划书的撰写

任何事业要成功，必先有所规划，网络创业亦是如此。商业计划书不仅仅是我们对项目的总体介绍，更是我们叩响投资者大门的敲门砖。一个好的网络创业计划书的完成绝非一朝一夕，它需要细细地打磨和反复地修改。正所谓细节决定成败，在基本的框架基础上，站在不同的角度全方位地介绍自己的项目，将项目的优势凸显出来，这是最重要的。

很多人一提到项目策划书就觉得头疼，无从下手。那么网络商业计划书是什么呢？有什么作用呢？包括哪些部分呢？同样，这些对于“YOUNG · 生”项目团队来说，一开始也是陌生的。但是他们并没有就此放弃，在进行了较为系统的商业计划书理论知识学习后，“YOUNG · 生”团队开始撰写计划书，通过对项目的整体方向把控和细节的调整，完成了策划书的主要内容和工作划分，然后不断在解决问题中继续完善计划书。在校赛、省赛、国赛的层层选拔过程中，他们又进一步完善着自己的项目，并一遍又一遍地修改网络商业计划书，站在不同的角度逐字逐句进行斟酌，最终定稿。这一份最终版的商业计划书，不仅仅是“YOUNG·生”团队用心坚持的成果，更是他们团队与项目的成长见证。

一、网络创业计划书

网络创业计划书，也被称为商业计划书，是详述筹建企业或项目的书面文件，是对与创业项目有关的所有事项进行总体安排的文件，其主要用途是递交给投资商，以便他们能对企业或项目做出评判，从而使企业获得融资。它是用以描述与拟创办企业或项目相关的内外部环境条件和要素特点，为业务的发展提供指示图和衡量业务进展情况的标准。通常创业计划是结合了市场营销、财务、生产、人力资源等职能计划的综合体。

（一）主要目的

1. 作为企业的明信片

对于正在寻求资金的风险企业来说，创业计划书就是企业的“电话通话卡片”。创业计划书的好坏，往往决定了投资交易的成败，因此网络商业计划书的书写尤为重要。只有团队对自己的项目有所了解掌握并使之落地落实才能够写出一份好的计划书，同时，书写计划书的过程也是对自己所做的项目进行一个全面筛查了解的过程，能够使自己对项目形成更加清晰的认识。

2. 为企业取得融资

网络商业计划书还能帮助创业者把计划中的风险企业推销给风险投资家，从而获得资金支持，因此，我们需要在商业计划书中说明：① 创办企业的目的，即创办这个企业是做什么的。② 所需资金为多少，为什么需要这么多的钱，将要怎么使用。通过商业计划书我们可以详细地将经营状况、经营目标、融资需求与使用方式等清晰地展示给投资者们。

（二）注意要点

1. 结构合理

投资者应当能够在计划书中找到他们所关注问题的答案，找到他们特别感兴趣的话题。这就要求商业计划书必须有一个清楚的结构，使读者能够灵活地选择他们想要阅读的部分。全国电子商务“三创”赛作为一个创业大赛，参赛者要想在比赛中走得远，就必须将项目落实好，而一个项目要想扎根落实就要确定好方向，产品和服务作为项目的核心部分，有着举足轻重的作用，应该着重介绍。另外，面对激烈的竞争，要想脱颖而出，创新和技术的介绍同样不可忽视。当然，每个项目有每个项目的特色，我们要做的就是以最好的角度和方式完美地展示项目。拿“YOUNG·生”项目来说，他们的最大特点就是产品的新颖和技术的优势，因此他们在计划书中对这两方面均有较为详细的介绍，能够很快地抓住人的眼球。

2. 以项目为事实依托

尽量使计划书中的用词用语比较客观，而不是无边际的吹牛，从而让投资者有机会仔细地权衡论据是否有说服力。网络商业计划书中内容撰写的依据是我们的项目，尽管我们都想夸一夸自己的项目有多神奇，有多么好，但仍然要根据事实说话，否则就存在诚信方面的问题，所带来的后果不堪设想。简单来说，“YOUNG·生”项目的部分精油产品有美白功效，但是如果宣传成什么功效都有，则属于虚假广告，同时对于投资人或者评委来说，也并不会相信这项产品，反而没有了说服力。

3. 精准又恰当的表达

一些创业者相信，他们可以用丰富的技术细节、精心制作的蓝图，以及详细的分析给投资者留下深刻的印象。但有的时候这种过于专业化的表达往往会适得其反，投资人在短时间内难以直接理解项目，只有极少数情况下，会有技术专家详细地评估这些数据。因此在大多数情况下，适当地进行一些简单的说明和举出例子即可。同时，商业计划书也是给评委老师看的，要让他们前一亮，利用平常不起眼的点来引起思考共鸣很重要。不同领域的差别很大，专业的介绍固然很好，但往往没办法做到“一呼百应”，很多时候只会让我们陷入狭窄的境地。用最直接的话表达出我们的想法才能让更多的人感同身受，才会产生更大的凝聚力，因此在撰写商业计划书的时候需要用恰当的表达，不过于专业化也不过于口语化。

二、网络创业计划书的十大元素

1. 摘　要

摘要是对项目的一个全方位的总体概要，能够第一时间吸引到评委、投资人，起到主导作用。内容一般包括这项事业到底是什么，即必须描述所要进入的是什么行业——是买卖业、制造业还是服务业，卖什么产品还是提供什么服务，谁是主要的客户，还有进入的产业生命周期是处于萌芽、成长、成熟还是衰退阶段，采用何种营销策略等。

在这一部分中，痛点分析（需求分析）是至关重要的，也就是我们项目成立的初心和意义所在。与此同时，要把自己的核心优势和特点突出表达出来，一个好的文笔功底也必不可少。

2. 产品与服务

提出了问题就要匹配相应的解决方案，而在创业环境中，针对一个问题往往可能有一百种解决方案，所以一定要在计划书中阐述自己的解决方法的合理性，以及产品是什么，有什么功能，是怎么解决问题的。同时还要说明产品有什么特色，跟目前市场上已存在的产品有什么区别，能够给消费者带来什么使用效果，即说明为什么会促使消费者购买。另外还要说明产品的成本利润大致是多少，能够给投资者带来多大的好处，是不是有利可图等。

在产品（服务）介绍部分，企业家要对产品（服务）做出详细的说明，说明要准确，也要通俗易懂，使不是专业人员的投资者也能明白。一般地，产品介绍都要附上产品原型、照片或其他介绍。

另外，对于产品的研发设计，我们可以根据菲利普科特勒的产品的三个层次理论来进行：首先第一层次是产品的核心层，即指解决客户的基本需要。对于“YOUNG·生”项目来说，他们的主打产品桃花精油系列产品便是针对年轻人护肤美白的这一基本需求。第二层次是产品的有形层，即指产品实际的外观，包括了产品的特征、样式、品牌包装等。例如，由于针对的主要客户群体为年轻人，“YOUNG·生”采用的是浪漫精美的粉色礼盒进行包装，非常漂亮有活力。第三层次就是产品的延伸层，即附加价值，类似于许多家电机器的送货上门、售后服务等。

3. 市场分析

市场即是产品要卖给谁。首先要界定目标市场客户处于什么年龄层：是在既有的市场去服务既有的客户，还是在既有市场去开发新客户呢？是在新市场去服务既有客户，还是在新市场去开发新客户？市场对产品的成功非常重要，我们不仅要定位目标客户，还要分析市场容量、已经存在的竞争对手和潜在的竞争对手，以及市场壁垒等各种情况和相关关系。例如当前的宏观经济状况如何，当市场成长时，市场占有率会上升还是下降，市场竞争是否激烈等。在这一部分我们经常会用到的便是 SWOT 分析。这一部分切忌长篇累牍，适当地用数据加以说明将会达到事半功倍的效果。

4. 竞争分析

竞争分析可以让我们更好地了解自己和对手。在下列三种时候要做竞争分析，留意与竞争者的关系：

（1）当要创业或要进入一个新市场时，当然要先做竞争分析。

（2）竞争有时是来自直接的竞争者，有时是来自其他的行业，所以当一个新竞争者进入在经营的市场时要做竞争分析。

（3）随时随地做竞争分析，这样最好最省力，可以从五个方向去思考：谁是最接近的五大竞争者，他们的业务如何，自身与他们业务相似的程度如何，从他们那里能学到什么，如何做得比他们好。

5. 营销战略

现代营销学之父菲利普·科特勒将市场营销战略定义为业务单位意欲在目标市场上用以达成它的各种营销目标的广泛原则，其内容主要由三部分构成：目标市场战略、营销组合和营销费用预算。对于市场营销来说，最重要的目的便是创造、获取和维持顾客，一个好的营销策略是我们打通市场的基础。对于“三创”赛来说，我们通常采用线下营销和线上营销综合的方式，尤其是在新媒体技术不断发展的今天，竞争更为激烈，我们需要找到并利用各种宣传工具，采用独具创意的想法吸引顾客。例如利用常见的抖音、微博来有创意地宣传产品或者扩大品牌的知名度等。对于许多初创项目来说，拥有一定的项目成果是非常困难的，因此对于“三创”赛这类比赛来说，有一定的项目成果展示将是非常大的亮点，这代表项目的可实施性和落地性很强，因此在营销战略中我们可以尽量地将目前的宣传效果用数据表达出来，给评委和投资者们一个更加直观且带有冲击力的感受。

6. 盈利模式

盈利模式主要分为盈利点分析和盈利源分析。对于“YOUNG · 生”项目来说，他们的收入来源主要包括线上销售产品和线下服务两个方面；而盈利源主要分为个体（主要为大学生和年轻的上班一族）和企业单位。对于任何一个营利性企业来说，其目的都是为了追求利润最大化，因此如果项目目前盈利情况较好，最好将项目目前的盈利成果表达出来。

7. 投资与财务分析

财务分析在项目财务效益和费用估算的基础上进行。财务分析通过编制财务分析报表，计算财务指标，分析项目的盈利能力、偿债能力和财务生存能力，判断项目的财务可行性，为项目决策提供依据。一般有如下几个步骤。

（1）选取财务分析的基础数据与参数。

（2）估算各期现金流量。

（3）编制基本财务报表。

（4）计算财务分析指标进行盈利能力分析、偿债能力分析、财务生存能力分析。

（5）进行不确定性分析。

（6）得出评价结论。

8. 风险分析及对策

经营企业一定会有风险，需要时刻注意。并不是说有人竞争才是风险，风险可能是当初选的地点旁有公交工具，可是后来公交不经过。还有进出口会有汇兑的风险、餐厅有火灾的风险等。另外还要注意如何应对风险。一般来说，风险可以分为五大类，分别是自然风险、社会风险、政治风险、经济风险、技术风险。

9. 退出机制

投资退出机制是指风险投资机构在所投资的风险企业发展相对成熟或不能继续健康发展的情况下，将所投入的资本由股权形态转化为资本形态，以实现资本增值或避免和降低财产损失的机制及相关配套制度安排。风险投资的本质是资本运作，退出是实现收益的阶段，同时也是全身而退进行资本再循环的前提。它主要有四种方式，包括股份上市、股份转让、股份回购和公司清理。

10. 成长与发展

对项目的未来展望能够让评委和投资人更加清楚地了解项目规划以及未来发展方向。对项目有一个较为清晰的规划，就代表着这一项目比其他项目更有说服力。如果自己都没有找准自己项目的定位，不知道将来的发展方向，如何打动评委和投资者们呢？因此在创业计划书中要说明：下一步要怎么样，三年后要怎么样，五年以后要怎么样。这个计划是要能持续经营的，所以在规划时要尽量做到深耕化、多元化和全球化。

三、网络商业计划书的编写技巧

任何商业计划书都必须提供管理阶层的背景资料，详细说明他们的姓名及令人信服的各种资料，这是商业计划书的基本要素，也是商业计划书包装的最基本要求。而好的商业计划书包装还要说明为什么自己能够开创这独特的产品或服务，并由此获得大量收益。

1. 产品和服务具有独特性

企业应该有独一无二的优势，这些优势可以体现在技术、品牌、成本等方面，而这些优势能保持的时间长短也是投资方决定是否投资的重要因素之一。

2. 商业模式和盈利模式可行

商业模式是如何生产商品，如何提供服务和市场策划的；盈利模式是如何赚钱，如何把产品和服务转化为利润的，这些都应在商业计划书中展示出来。商业模式和盈利模式的可行性，最终又体现在企业的执行力上。

3. 高效的管理

大多数风险投资者认为，风险投资的成功关键是管理。管理也是风险投资者关心的问题，风险投资领域的传统观点认为，如果点子好，但管理差，可能失去机遇，如果点子差，但管理好，则可能争取机遇。

4. 风险投资都是利字当头

在计划书中提供有说服力的公司财务增长预测是企业义不容辞的责任。风险投资都倾向选择有竞争力的企业、行业中的龙头企业。要想吸引投资，商业计划书就要写明自己企业的规模、计划、发展状况等。

5. 退出机制

风险投资者如何摆脱某种状态是影响其投资决策的重要因素，也就是说，风险投资者在决定进入之前，一定要事先找好退出之路。他们不想长期在这一公司拥有产权，他们希望其投资与其他资本共同作用一段时间而后抽走，这样就要求有退出之路。主要退出方式有以下几种。

（1）公司股票上市。这样，投资者可将自己拥有的该公司股权公开出售。

（2）公司整体出售，即把包括风险资本公司的权益同时出售给有关公司，通常为大公司。

（3）公司、个人或第三团体把投资者拥有的本公司权益买下或卖回，商业计划书对有关事项应详细说明。

四、商业计划书常见的四大问题

1. 在行业分析部分，用大的行业市场容量代替细分行业市场容量

商业计划书中最常见的是用大的行业来代替细分行业，或者用其他地

区代替本地区等假借概念的错误。比如，用整个游戏软件行业的分析代替手机游戏行业，用服装制衣行业的分析代替制服行业，用其他一线城市房地产数据代替本地房地产发展分析等。

之所以这样做，除细分行业数据不容易收集的原因外，显而易见，也有整体行业或者发达地区的规模数据要比子行业或其他地区大很多、好看很多的原因。但这种处理手法相当拙劣，会给投资人留下不好的印象，而且这部分内容一般是放在计划书比较靠前的位置，投资人在无法找到自己所需要的可信行业分析数据时，很可能因为手中项目太多而放弃继续读下去。

2. 未对竞争对手和竞争态势给予细致的调查分析

企业在任何领域经营必然遇到竞争者，哪怕是全新的商业模式，也将会遇到对手的挑战。投资人的收益不仅与被投资方是否做得好有关，也与其竞争对手的强弱变化具有紧密联系。因此，对同行中的前三或前五位的竞争对手的情况分析，以及对于投资前景的判断和项目收益的预测是必不可少的。

很多融资方在撰写商业计划书时，存在回避或不愿意正视竞争对手的倾向，轻描淡写地进行市场竞争分析，这不仅会误导投资方，也会麻痹自己。时常能看到融资方在计划书中写“没有竞争对手”或随便提到几个同行企业，并没有针对性地就所涉及的业务领域进行对比分析。对于经验丰富的投资人而言，不会轻易相信这样的分析。如何有的放矢地对待已有的竞争者，提出有效防范未来竞争者进入的对策，是确保投资方利益、降低投资风险的必要环节。

3. 对项目的盈利估计过于乐观或者依据不足

商业计划书的收益预测部分往往是“水分”最大的地方。商业计划书中的收益预测通常超过实际可达目标值的一倍以上，有些更高达两三倍。

融资方自己做的收益预测往往离实际情况相差较远，创业者的预测高估程度超过已有该行业经历的企业。

高估收益往往也和行业分析不足有关。很多商业计划书在预测收益时，只是简单地将行业总量数据乘以一个比例，比如理想中的市场占有率。但总量数据本身就超过细分行业数据，再加上对市场的过分乐观，就会造成数据高得离谱了。在常见的商业计划书里，收益预测部分往往是最简略的部分，很多只是提供了一张两三行的报表，未提供预测的假设条件或依据，年度间的增长似乎也是按照简单的增长率计算的。这样的收益预测既无法令投资方信服，也无法依此计算投入和回报。

4. 没有投资退出方式的考虑

对于投资者来说，无论是股权投资还是债权融资，目的只有一个，就是在某个时间段内要保本并使投资达到期望的赢利水平。投资人并不会永远与企业捆绑在一起，甚至从本质上讲，投资就是为了成功地退出，而且退出越快越可以提高资金使用效率并使其产生更大的增值。所以没有提出明确的投资退出方式和期限的项目计划书，会被认为是不完整的，就像一篇文章少了结尾，是不合格的。

五、具体案例分析

以上内容只是对商业计划书的一个简要介绍，并不是硬性的规定，每个项目都有其不同之处，我们要灵活变通。因此接下来将以“YOUNG·生”项目部分内容为例，具体讲解如何书写网络商业计划书。

尽管评委老师和投资者们会根据前面的目录部分对团队项目主要的内容梗概进行初步了解和判断，如果有疑问或感兴趣的点再进行详细翻阅，但面对众多的商业计划书，评委第 1、2、3 次可能会认真看目录找亮点，而第 100 次、第 200 次翻开第一页时仍然看见密密麻麻的文字加数字，便会产生疲劳感。为了让评委老师更加清楚的了解项目，“YOUNG · 生”团队在商业计划书的最前面添加了一个“项目一览表”。

项目一览表是以一个表格的形式,把项目最精华的内容呈现在第一页，包括项目名称、项目概述与项目简介，重点展示项目的特色与亮点。项目一览表内容简洁，重点突出，既有利于让评委们对项目有一个大致的印象和了解，又能起到缓解评委们疲劳的作用。

这一部分的商业计划书文字篇幅不宜太长，不能有冗长的文字介绍，同时这些文字介绍里要避免使用过多的专业词汇，尽量用形象直观的方式去阐述；逻辑要清晰，注意避免阐述与主题无关的内容，要开门见山。

1. 摘　要

执行摘要位于正文内容的第一页，作为整本商业计划书的“门面”担当，它是评委老师们在翻阅过程中第一个会注意的地方，影响着评委老师对于这份计划书的第一印象。

摘要的目的是让评委老师对项目产生兴趣并渴望得到更多的信息而继续阅读。摘要是整个商业计划书的精华，简明扼要地反映了商业计划的全貌。由于摘要的目的是让人直观地了解项目，因此，和项目一览表一样，也要注意避免出现过多专业术语。要使用更加生动形象的语言来撰写摘要，才有助于清楚明了地展示项目的核心内容，使投资人或评委老师在短时间内就能理解项目大体内容，对项目做出初步判断。

摘要主要包括公司介绍、主要产品和业务范围、市场概貌、营销策略、销售计划、生产/经营计划、财务计划、资金需求状况等，涵盖了整个商业计划书的内容，即商业计划书的各个部分都要在摘要中用最简洁而具有吸引力的语句阐述出来。

从“YOUNG · 生”团队商业计划书的执行摘要目录来看（见图 4-1），

他们的商业计划书的摘要覆盖面是十分广泛的，基本上包含了商业计划书的所有内容。同时摘要也十分具有条理性，从简介到需求、市场等内容的分析，再到对自身的团队的介绍，每一步都具有自身的逻辑，层层深入。

图 4-1 “YOUNG·生”项目摘要

在商业计划书的摘要撰写中，要注意以下要点：

（1）项目摘要要做到精炼，可以用一句话概括指引到后文每一章节，摘要全部内容尽量控制在一页纸以内（1 500 字左右）。

（2）建议在商业计划书的其他内容都撰写完成之后再进行摘要部分的撰写。

（3）摘要部分的内容一定要有针对性和逻辑性，即不能将商业计划书中的方方面面都空泛地概述一遍，逻辑上必须阐述清楚以下这几个问题。

① 项目要做什么？（产品/服务/商业模式）

② 项目致力于解决什么问题？（市场—用户痛点/解决方案/为什么是现在解决）

③ 项目为什么可以打败竞争者？（核心竞争力/政策扶持/市场趋势）

④ 项目如何盈利？（市场容量及需求/盈利模式/利润增长值/附加值/成本分析）

⑤ 为什么是自己团队来做这个项目？（团队成员/资源优势）

2. 产品与服务

商业计划书的核心在于是否拥有一项创新性的产品或服务，以及它最终能否为客户和企业双方产生的价值。创业者必须为自己的产品或服务进行详细的介绍，主要包括以下内容：

（1）产品或服务的名称、特征及性能用途。

（2）产品或服务的运用或操作流程。

（3）产品实物图展示或平台显示界面展示。

但如果项目的产品和服务种类、数量较多，内容较为复杂，可能会给评委老师造成阅读的混乱。因此“YOUNG·生”项目团队在项目策划书中着重介绍了它的主要产品系列——桃花精油系列，并采用示意框架图将产品与服务清晰地展示出来。

图 4-2 是“YOUNG·生”团队最终版的产品和服务框架示意图，可以看出该团队用图表的形式来总结产品与服务，十分直观清晰地将这个项目的核心展现了出来，给予评委老师对产品服务和具体内容的一个总体印象。同时从这张图表上也可以看出这一部分内容是十分丰富的——项目与服务涉及的具体内容、项目特色、功能疗效等均有所体现。

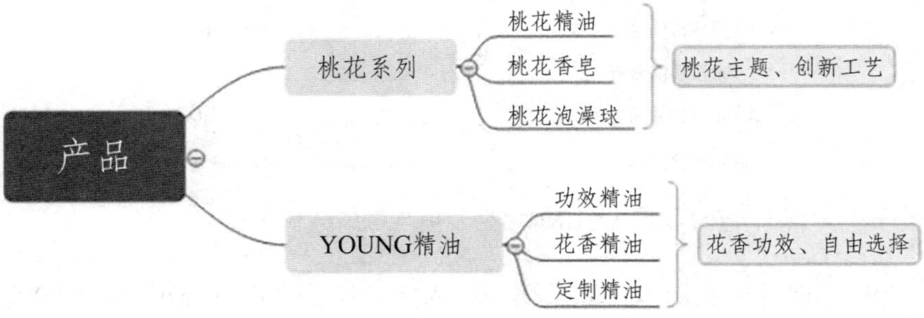

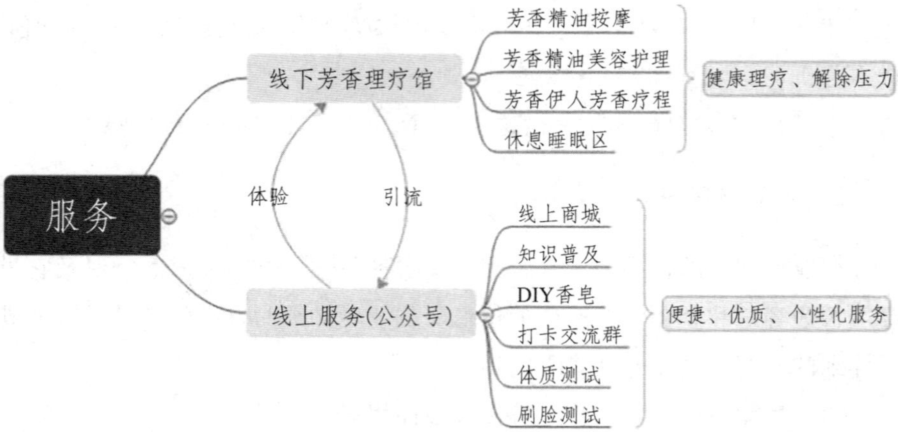

图 4-2 “YOUNG · 生”团队产品和服务框架示意图

另外，还有两点需要注意：首先，产品或服务是项目的核心内容，所以该部分的描述一定要尽可能详细；其次，语言要通俗易懂，少使用技术专有名词，将产品是什么、怎么帮客户解决问题这两个点阐述清楚。

3. 市场分析

在商业计划书的市场分析这部分中，根据产品与服务的不同，我们要有不同的分析。例如，在“YOUNG · 生”项目中，由于主打的是精油产品，因此他们的主要市场分析是针对精油市场的分析。如图 4-3 所示，这是“YOUNG · 生”项目具体的市场分析部分目录。

图 4-3 “YOUNG · 生”项目市场分析部分

在这一部分中我们也可以采用一些固定的模型来进行分析，如 STP 分析、PEST 分析、SWOT 分析、波特五力模型分析等。

（1）STP 分析。

S（Segmentation）是指市场细分，T（Targeting）是指目标市场选择，P（Positioning）是指市场定位。在市场细分里，可以区分不同的消费群体，进行定位分析；在目标市场选择里，可以通过对特定产品的顾客、市场、竞争的分析进行对目标市场的选择分析；在市场定位里，可以从自身的产品特色、服务的角度等对市场进行定位分析。

（2）PEST 分析。

PEST 分析是指对宏观环境的分析。宏观环境又称一般环境，是指一切影响行业和企业的宏观因素。对宏观环境因素做分析，根据不同行业和企业自身特点和经营需要的不同，分析的具体内容会有差异，但一般都应对政治（Political）、经济（Economic）、社会（Social）和技术（Technological）这四大类影响企业的主要外部环境因素进行分析。

① 政治（Political）。政治环境包括一个国家的社会制度，执政党的性质，政府的方针、政策、法令等。不同的国家有着不同的社会性质，不同的社会制度对组织活动有着不同的限制和要求。重要的政治法律变量有：执政党性质、政治体制、经济体制、政府的管制、税法的改变、各种政治行动委员会、专利数量、专程法的修改、环境保护法、产业政策、投资政策、国防开支水平、政府补贴水平等。

② 经济（Economic）。经济环境主要包括宏观和微观两个方面的内容。宏观经济环境主要指一个国家的人口数量及其增长趋势、国民收入、国民生产总值及其变化情况，以及通过这些指标能够反映的国民经济发展水平和发展速度。微观经济环境主要指企业所在地区或所服务地区的消费者的收入水平、消费偏好、储蓄情况、就业程度等因素。这些因素直接决定着企业目前及未来的市场大小。

③ 社会（Social）。社会文化环境包括一个国家或地区的居民教育程度和文化水平、宗教信仰、风俗习惯、审美观点、价值观念等。文化水平会影响居民的需求层次；宗教信仰和风俗习惯会影响一些活动的进行；

价值观念会影响居民对组织目标、组织活动以及组织存在本身的认可程度；审美观点则会影响人们对组织活动内容、活动方式以及活动成果的态度。

④ 技术（Technological）。技术环境除了要考察与企业所处领域的活动直接相关的技术手段的发展变化外，还应及时了解国家对科技开发的投资和支持重点，该领域技术发展动态和研究开发费用总额，技术转移和技术商品化速度，专利及其保护情况等。

（3）波特五力模型。

五力分别是：供应商的讨价还价能力、购买者的讨价还价能力、潜在竞争者进入的能力、替代品的替代能力、行业内竞争者现在的竞争能力。五种力量模型将大量不同的因素汇集在一个简便的模型中，以此分析一个行业的基本竞争态势。五种力量模型确定了竞争的五种主要来源：

① 供应商议价能力（Bargaining Power of Suppliers）。供方主要通过其提高投入要素价格与降低单位价值质量的能力，来影响行业中现有企业的盈利能力与产品竞争力。

② 购买者议价能力（Bargaining Power of Buyers）。购买者主要通过其压价与要求提供较高的产品或服务质量的能力，来影响行业中现有企业的盈利能力。

③ 新进入者威胁（Threat of New Entrants）。新进入者在给行业带来新生产能力、新资源的同时，也希望在已被现有企业瓜分完毕的市场中赢得一席之地，这就有可能会与现有企业发生原材料与市场份额的竞争，最终导致行业中现有企业盈利水平降低，严重的话还有可能危及这些企业的生存。新进入者威胁的严重程度取决于两方面的因素，即进入新领域的障碍大小与预期现有企业对于进入者的反应情况。

④ 替代品的威胁（Threat of Substitute Product）。两个处于不同行业中

的企业，可能会由于所生产的产品互为替代品，从而在它们之间产生相互竞争的行为，这种源自替代品的竞争会以各种形式影响行业中现有企业的竞争战略。

⑤ 行业内竞争者的竞争（The Rivalry Among Competing Sellers）。大部分行业中的企业，相互之间的利益都是紧密联系在一起的，作为企业整体战略一部分的各企业的竞争战略，其目标都在于使得自己的企业获得相对于竞争对手的优势，所以，在实施中就必然会产生冲突与对抗现象，这些冲突与对抗就构成了现有企业之间的竞争。

在分析中，可以用表格或者图表的形式将结果或者数据列出来，这样可以比较清晰明了地将数据转化为直观、形象的可视化图像、图形。而用图表表达各种数据信息，也能让评委老师更清晰地理解选手所要展示的内容。

（4）SWOT 分析。

SWOT 分析代表分析企业优势（Strengths）、劣势（Weakness）、机会（Opportunity）和威胁（Threats）。因此，SWOT 分析实际上是对企业内外部各方面条件进行综合和概括，进而分析组织的优劣势、面临的机会和威胁的一种方法。

进行 SWOT 分析的时候必须对公司的优势与劣势有客观的认识，同时要区分公司的现状与前景，还要与竞争对手进行比较，比如优于或是劣于自己的竞争对手，最后还要在全面考虑的同时保持 SWOT 分析法的简洁化，避免复杂化与过度分析。一旦使用 SWOT 分析法确定了关键问题，也就确定了市场营销的目标。SWOT 分析法可与 PEST 等分析模型一起使用。

表 4-1 是“YOUNG · 生项目”的 SWOT 分析表。

表 4-1 “YOUNG · 生”项目 SWOT 分析表

	优势（Strengths） 1. 专业的团队支持 2. 新颖的商业模式 3. 年轻化的经营理念	劣势（Weakness） 1. 精油同类产品较多 2. YOUNG 产品牌知名度较小
机遇（Opportunities） 1. 市场前景大 2. 新兴的新媒体营销方式	SO 战略 充分利用企业的专业优势，加强“YOUNG · 生”的品牌建设，进入市场并占有一定份额，吸引大量用户，为企业发展做好准备	WO 战略 抓住有利的机遇，利用新媒体营销等方式，在进入市场同时塑造“YOUNG · 生”专业的形象，在行业中脱颖而出
威胁（Threats） 1. 护肤产品多样化 2. 外资品牌竞争大 3. 行业监管趋严	ST 战略 利用专业的团队，扩大专业技术人群，扩充产业链，从而扩大用户群体	WT 战略 不断优化现有产品，打造明星产品，不断提高服务质量，增加用户黏度，用优质的产品与服务来提高用户的品牌忠诚度

4. 营销战略

市场营销说白了就是面向市场进行推销，其终端接受者就是客户。加强市场营销策略的制定和实施，有利于当代企业从产品的设计到最终的销售以及服务做到最合理的规划，从而达到将产品顺利推向市场，获得收益的目的。因此，市场营销策略贯穿了当代企业经济活动进行的各个环节并产生着深远的影响。“三创”赛是一个电子商务挑战赛，因此网络营销便是市场营销中关键的一步，尤其是随着互联网越来越发达，网络用户的数量也在不断增加，线上的营销战略非常重要。“YOUNG · 生”的整体战略核心就是利用专业的、便捷的产品和服务精准锁定潜在客户群，并建立与客户长期的信任与贸易关系，致力于成为新时代年轻人健康管理首选，指引年轻人追求美好生活。

“YOUNG · 生”团队的线上营销采用的是网络营销与深度营销相结合

的方式。他们首先建立了自己的公众号，不仅推送日常知识文章，同时用户可以直接在公众号的商城中购买产品以及进行趣味测试等。

另外他们利用新媒体——抖音、微博、知乎等多方位进行宣传，扩大品牌知名度，并时常采用抽奖等形式来吸引客户群体等。

5. 投资财务分析

财务分析一般用来判断公司的未来经营的财务损益状况，进而确保投资人能够获得预期理想的投资回报，对资金的来源及运用进行规划。财务预测是对收入、成本及现金流量进行预测，对投资价值进行衡量。在投资评估方面可以运用的方法包括静态回收期法、净现值法、内部收益率法等。如图 4-4 所示，这是 YOUNG · 生项目在财务分析这部分的主要内容概要。

图 4-4　财务分析内容

在书写这一部分内容时，需要注意：首先，一定要有专业的财务人员或者会计人员参与完成；其次，在处理数据分析时一定要确保数据的真实可靠性；再次，假设条件要和公司实际情况大致吻合，例如公司实际销售收入可能是 10%，在进行财务分析时，切忌假设公司未来五年销售收入可能在 50%，这样编写出来的财务分析将失去它本来的意义。

6. 风险分析及对策

风险按照不同的标准有不同的分类，在“YOUNG · 生”项目中他们主要将其分为技术风险、市场风险、战略风险、法律风险、安全风险、客户风险，并据此来考虑相应的解决方案，不得不说“YOUNG·生”团队成员们，考虑得很周全。这往往也是一些创业者们会忽略掉的问题，但是对于初创企业来说，风险是无时无刻都存在的，防患于未然才能走得更远更好。

7. 退出机制

简单来说，投资家只关注他在投资期间所得到的利益，随时都有撤资的可能，退出时则选择能使投资回报最大化的方式与路径。但是我们在制定退出机制的时候，还要考虑创业者们自身的利益，因此制定什么样的退出机制就相当重要了。在“YOUNG·生”项目中，他们根据项目的实际情况详细地制定了管理层回购、转让分析以及破产清算等方式。

可能很多参赛者不知道怎么去制定退出机制，不要担心，风险投资的退出方式形式和术语都有固定形式，可以根据书写模板并结合项目自身情况进行撰写，主要的是要在风险投资的退出方式这个部分阐述清楚两个问题：① 投资者可以获得多少投资回报，收益性怎么样；② 投资者投资资金如何退出。

风险投资的退出方式主要包括：并购退出、回购退出、首次公开上市退出（IPO）、股权转让退出、清算退出。

六、网络创业计划书的范文格式

为了让创业者们编写策划书的时候更容易一些，这里提供了一份范文格式目录，大家可以参考。

目录

摘要

1.执行摘要

1.1 项目背景

1.2 目标规划

1.3 痛点描述

1.4 核心产品和服务

1.5 项目创新点

1.6 市场分析

1.7 团队介绍

1.8 项目理念

2.市场分析

2.1 客户分析

2.2 需求分析

2.3 竞争分析

2.3.1 竞争优势

2.3.2 竞争对手

3.产品与服务

3.1 产品

3.2 服务

4.营销战略

4.1 营销目标

4.2 营销模式

4.2.1 线上营销

4.2.2 线下营销

5.盈利模式

5.1 利润点

5.2 利润源

6.投资与财务分析

6.1 财务假定

6.2 融资

6.3 销售预算

6.4 财务分析

6.5 项目可行性与财务风险分析

7.风险分析

7.1 机遇

7.2 风险及策略

8.退出策略

9.项目进展及未来展望

9.1 项目运营计划

9.2 项目进展

9.3 项目未来展望

附录

第 5 章

合作创造双赢
——创业沟通与创业投资

一、沟通合作意向——联系外界资源

对于创业公司而言，和大公司合作，既可以受教于他们的经验和智慧，也能够从他们的忠实用户那里受益；大公司则能从创业公司的业务上发现新的前瞻性机会。不论是与优秀的人一起工作还是合作本身能实现的实际价值的产出，都能够帮助初创企业形成更大的影响力。

“YOUNG · 生”团队作为初创企业，团队成员来自西南交通大学生物治疗国家实验室，虽然研制运用核心科学技术在功效、挥发性以及皮肤渗透率等方面改进了精油的效果，但对于精油配方的改良、精油的大批量生产、原材料的供给，还需要寻找运营成熟的合作商。

那么在同合作商进行合作意向沟通的时候，我们应该怎么做呢？

1. 明确双方角色

在寻找合作商进行沟通的时候，必须明确双方在合作关系中担任的角色，清晰地沟通说明在未来的合作中双方的任务分配，即现在和未来都要做什么。过去确认过的事情在当下可能适用也可能不适用，所以提前确认未来的计划会是更好的选择。它可以为我们和合作伙伴建立信任和边界，尽量减少负担过重带来的挫折感。

2. 找出自身优势和劣势

了解我们和合作伙伴的各自优势，能让我们知道怎样才能更好地合作。经过适当沟通，还能发掘出一些隐藏的强项，强调双方的优势能够让双方的积极性和投入程度得到大幅度提升，有助于带来更大的成功。

弱点/劣势是双方或者说所有的参与者应当去解决的问题。如果一方需要更多的客户，另一方需要新的社交媒体策略，合作能满足他们各自的需求，让更多的用户看到他们的线上推广内容并获得各自想要的东西。

3. 要有足够的耐心

创业初始，我们的公司规模一般比合作方小，但考虑到公司组织结构等原因，初创公司的行动速度会比合作方快。因此，不管我们有多么渴望快速做出决策，合作很大程度会上拖慢我们的脚步。不论是在商业关系上还是在人际关系上，要有足够的耐心去理解体谅对方。双方的理解与耐心是合作的最佳保障。

4. 分享对于合作的预期

如果双方之间不存在共同愿景，不管对方是谁，合作都不具备价值。合作双方需要明确地说明双方的职责，对齐双方的目标，明确目标的执行计划。对合作方分享我们对于合作的预期，并在合作方式和方法上与其达成共识，有利于达到最终共赢目的。

5. 落实到白纸黑字

初创公司最容易出现的问题是基于口头协议就开展行动。为了最大限度地保证专业性和双方的利益，所有的事情都要白纸黑字地落实。双方充满善意的合作愿景并不能保证我们自身的商业安全。工作内容的分配和利润的分享，资金的来源，以及合作的目标都应该全部体现在法律文件中。如果从一开始就遵循上述原则，即便合作并不如预期一样成功，至少双方不用为后续担忧。法律的制约高于董事会决策，有它的存在，即便后期发生了超出预期的事情，也能够把负面影响控制在最小。

6. 商议好退出机制

即便刚刚展开合作关系，也要提前做好退出策略。退出机制是双方合作的良好保障，为意外情况做出解决方案，并为方案做准备。同样，这也是风险投资能带来有益价值的地方。通常投资进入前就要确认退出策略，并列出清晰的条款。

二、“YOUNG · 生”团队的创业合作过程

“YOUNG · 生”团队的成员将自身需要的合作对象梳理为以下几类：① 精油配方改良合作的芳疗师；② 材料供应基地；③ 生产商家；④ 中医馆合作；⑤ 与企业的节假日礼品合作；⑥ 向按摩推拿店、足疗店、宾馆等进行产品推广合作。

1. 寻访芳疗师

“YOUNG · 生”团队通过实验室的技术难点攻克，使添加了β山椒素的桃花精油功效性能提高。但是，实验室研制出来的只是单方油，单方油

纯度高，无法直接涂抹于皮肤之上，必须结合基础油的调配稀释，方能带给人们保健效果。因此，要想使实验成果真正成为人们可以使用的精油，就必须有针对性地进行基础油和桃花精油的调配，而芳疗师拥有过硬的专业水准，无疑是最好的合作者。

“苗老师，我们找不到合适的芳疗师。”

几天都没有成果的团队成员们着急地求助指导老师。作为他们的指导教师，笔者的尽力想要帮助他们找到最合适的合作者。突然想起来多年前的一位 MBA 学生冬冬芳疗师，她们家世代传承中医，并且冬冬前段时间也提过自己正在备考美国 NAHA 芳疗师证书。冬冬芳疗师热情、有能力、对芳疗有足够的了解，是帮助他们最好的选择。

在指导老师互换了双方的联系方式并叮嘱了几句后，成功与否就要靠团队接下来自己的努力了。

很快团队便与冬冬芳疗师约时间见面。他们带着实验室研制出来的纯桃花精油，为冬冬芳疗师讲述了其研制创新点，并说明本次的来意。冬冬芳疗师欣喜于现在的年轻人也开始热衷芳疗事业，耐心为团队成员们讲述了单方油与基础油的基本搭配要点，并介绍了另外一位热爱芳疗的老师珠措芳疗师，其为中国芳居生活家首批学员，也是第四届森林疗养师学员。

冬冬老师、珠措老师与团队成员们围坐在一起，团队成员首先详细介绍了“YOUNG·生”品牌的初创理念——“用芳香引领年轻人美好生活”，精准定位目标客户，即大学生和上班族，立足于桃花产业链高端，打造属于年轻人的芳香管理品牌，为年轻人快节奏便捷生活提供专业化、标准化、个性化的产品与服务。针对“YOUNG·生”主打产品桃花精油，两位老师对精油调配的气味浓淡，如何最大程度地发挥其润肤美白、祛痘的功效，怎样更贴合于年轻人的需求提出了相应的建议及产品调配的初步想法。在包装设计上，两位老师与团队成员们考虑到如今年轻人工作繁忙、时间比较紧张，特地选用小小的滚珠瓶进行包装，方便年轻人随身携带。

图 5-1　寻访芳疗师——深入了解精油

其次，对于团队成员想要为年轻人打造缓解失眠、上火等常见身体问题和暴躁、郁闷、压力大等精神问题的 YOUNG 精油产品的想法，冬冬老师基于自身多年芳疗经验，对成员们解释道这些情况是对应的人体系统出现问题，破坏了身体平衡导致的，建议团队按照人体八大系统推出八大精油系列，并在每种系列中针对具体症状、问题等进一步详细配比出精油。冬冬老师的建议让团队成员们对于产品的规划更加明确。

商讨完关于两种系列精油产品的相关合作事项后，团队成员提出了“YOUNG · 生”私人定制精油的深度合作想法，即根据用户的身体症状、气味偏好等搭配出专属精油，这样既可以解决用户身体问题，又可以通过气味使用户达到精神愉悦的效果。对于私人定制精油的合作，采用线上线下模式同步进行，线上定制流程为用户线上叙述自身问题及精油需求，芳疗师调配定制精油后发货；线下定制流程即为传统的调配定制精油过程，可在线上进行预约。“YOUNG · 生”品牌基于自身更加了解年轻人庞大群体的优势，通过微信、抖音等做到良好的线上引流，结合两位芳疗师自身专业技术的优势，最终达成良好的合作。

2. 寻找原材料供应基地

桃花精油作为“YOUNG·生”的主打产品，优质的桃花无疑是团队最重要的原材料。考虑到桃花精油的灵感来源于团队进行“三下乡”活动时去过的山东沂南的桃花峪，大家与当地的村民及负责人已经熟悉，桃花峪无疑成为首选的原材料供应基地。

桃花峪处于沂蒙山区，地处偏远，交通不便，宣传营销不到位，但却种植了数约 20 万株桃树，年产桃花花瓣 250 吨左右。团队进行“三下乡”活动的时候正值 3 月桃花盛开，成员们发现桃花花期一过，大量的花瓣腐烂在地上，利用率低，农产品经济价值不高。选择打造桃花精油产品也正是出于成员们对桃花浪费的惋惜之情。

团队再次来到桃花峪与当地村民和负责人进一步协商，大家对“YOUNG·生”桃花精油的想法表示支持，并表示愿意在初期以较低的价格售卖桃花帮助“YOUNG·生”开拓前期市场，团队成员与当地乡政府签署了合作协议。

3. 联系生产商家

经过两位芳疗师的帮助，确定好精油系列产品后的“YOUNG·生”团队成员开始寻找合适的精油生产商。冬冬老师推荐了谭老师，其所在的中医药科技有限公司多年来生产精油系列产品。

合适的生产商家可以有效地帮助企业进行成本控制，在市场竞争中获得优势。有了很好的联系渠道后，为了更好地展示团队的项目想法及目前实施状态，团队成员熬夜制作出项目 PPT，由成员家琪进行演讲。此外，团队也编制了一份商业计划书供其详细了解。在大家的共同努力下，谭老师肯定了团队的想法，并且愿意与团队建立合作关系。此外，谭老师表示愿意对“YOUNG·生”品牌进行投资，计划入股资金主要用于品牌塑造与市场推广等。

4. 与中医馆合作

“YOUNG·生”品牌刚刚起步，创业初期需要通过积极的宣传去拓宽市场，积累顾客和关注量，提升“YOUNG·生”产品的知名度。“YOUNG·生”项目适应社会年轻人的养生新潮，考虑到年轻人的生活特点，除了推出的桃花精油系列产品外，也推出多种食材原料以及代餐粉、丸、膏剂等较贴合年轻人需求的产品。为了逐步开拓市场，团队成员选择主动寻找中医馆建立合作关系，由经验丰富的民间高手和中医提供专业科学的指导，团队成员也通过线上公众号平台、社交平台等进行相应的推送，为中医馆带来年轻的客户流量。

接下来的近两个月，“YOUNG·生”团队成员们在繁重课程之余走访了十余家中医馆。想要与成熟的中医馆合作，必须要体现自身的礼貌与真诚，也要提高洽谈效率，团队尽量做到线上联系预约时间，线下见面进行更深入的交流。忙碌的奔波也让大家收获到了成功的喜悦。

团队最先联系到良药中医堂，与良药中医堂的邹姐共同商议五谷代餐粉系列产品相关搭配。

后期，团队联系到天鹏中医馆。大家认识到了马总、温柔的钟姐和热情的高姐。与天鹏中医馆主要的沟通内容是膏剂配方的选择与搭配。马总分享了许多关于“中医体质辨识与调理”的文件，从权威专业的角度上与团队寻找更多的共同合作点。钟姐则从细节上为大家进一步梳理膏剂的配方和注意事项。

通过钟姐的推荐，团队又有幸联系到尚医中医馆，详细了解到膏剂制作的工艺流程，并在对方中医专家的建议下，进一步完善膏剂配方。

通过团队成员的不懈努力，后期还与多家中医馆建立了合作关系，双方达成共识致力共赢。

图 5-2 “YOUNG 生”团队成员沟通合作方案

5. 与企业的节假日礼品合作

与企业建立客户合作关系更有利于“YOUNG·生”产品的推广。企业或者单位在节假日、年会或者周年庆上通常都会为自己的员工分发一些礼袋，企业和单位的购买力一般较强，需求也较大，比较注重控制购买成本，而保健类产品既不过分昂贵又能体现公司对员工健康的关怀。“YOUNG·生”团队也为这种需求设计了专用的健康礼袋，也可根据企业或者单位需求进行定制。

6. 向按摩推拿店、足疗店、宾馆等进行产品推广合作

“YOUNG·生”公司和线下的许多商家进行合作，例如按摩推拿店、足疗店、宾馆等，无论是精油系列产品，还是桃花香皂以及泡澡球等产品，在这些地方都有很好的销售前景。团队帮助合作方进行线上推广，提高他们的客流量并赚取相应的广告费，另一方面，它们也将作为项目的零售商，将产品在它们的实体门店中出售，这在促进产品销售的同时也大大节省了成本。

三、“慧读慧写”团队的创业合作过程

“慧读慧写”团队在专注于打造最有灵气的儿童阅读写作品牌的过程

中同样得到了合作伙伴的有力支持，将团队创业规划不断完善。

对于创业公司来说，一个合适的合作伙伴不仅能够让公司发展得更快更稳，更能达到 1 + 1 > 2 的效果；但若遇到观念不同的合作伙伴，轻则公司发展受阻，重则公司中途夭折。因而在公司发展壮大的过程中，寻找适合的商业合作伙伴是非常重要的。

“慧读慧写”作为大学生初创公司（见图 5-3），团队专注于小学阅读和作文教育，以亲身经历作辅，深入受众群体，了解现今小学阅读和教育现状。针对目前小学阅读和作文教育专业性低、系统性不足等问题，团队原创了一套科学的教学方法，自主研发了包括“看图写话与观察日记”“作文基本功”“细节与文笔”“构篇与主题”在内的四套课程。虽然在前期，“慧读慧写”拥有了高度的专业性、绝对的原创性、前沿的教学理念和独特的教学方法，这些方法在教学实践中也取得了非常优异的成果。但面对家长、学生“多排课”“多开教学点”的建议，作为学生团队的慧读慧写就显得心有余而力不足了。不管是为了满足家长学生的需求，还是为了公司的长远发展，寻找一个合作伙伴对“慧读慧写”来说都显得必须且紧急。

图 5-3 “慧读慧写”公司图

1. 自我分析，找准优劣势，对症下药

在 K12（kindergarten through twelfth grade，指基础教育）快速发展的

背景下，找到一个合作伙伴并不是一件难事，可是要找到一个观念相同、满足“慧读慧写”教学要求的合作伙伴就显得比较困难了。

对此，“慧读慧写”团队通过多次讨论，针对公司目前的优势和劣势进行了相关分析。总体来说“慧读慧写”的优势体现在以下四个方面：

（1）专业度高：与其他综合培训机构不同，“慧读慧写”只做小学阅读和作文教育，专门更专业。

（2）原创性强：与其他作文培训机构不同，“慧读慧写”有自己原创的教学法。团队已经自主研发出《看图写话与观察日记》《作文基本功》《细节与文笔》《构篇与主题》四套作文课程。教学思想先进，教学方法新颖，系统性强，自成一体，不仅领先于当地语文教育同行，在全国都具有一定的竞争力。

（3）理念前沿：与其他培训机构不同，“慧读慧写”坚持以素质教育解决升学应试问题，既要高分，也要高能；既要培养能力，也要涵养品格，全面系统地从根上培养孩子的终生读写能力，让孩子成长为“慧思考，慧表达，慧生活”的完整的人。

（4）教学法独特：“慧读慧写”主张“活”的教育教学，主张以文学思维取代逻辑思维，以唤醒智慧取代灌输知识。“全面感知法”“三层追问法”“形象共鸣法”等十多种全新的教学方法，系统化，精细化，点面兼顾，能全面提高孩子的读写能力、语文素养和人文情商，让孩子“张口会说、提笔会写、喜欢阅读、善于思考”。

但同时“慧读慧写”也具有许多资源和机制上的不足，主要体现在以下三个方面：

（1）师资痛点：“慧读慧写”作为专业的读写培训机构，专职教职工均具有汉语言文学硕士或本科学历。尽管如此，师资培训仍然是一个痛点，因为读写教学本身对教师的综合素质要求较高，真正卓越的读写教师和金牌教师较少是机构发展的难题。

（2）拓展困难：由于对师资的要求较高，“慧读慧写”的分店拓展业务能力尚不足。

（3）内部管理机制：管理制度不够成熟，人员不够稳定、流动性比较大。

针对现有的优势和存在的不足，“慧读慧写”要求合作伙伴能与其在保证观念一致的前提下，根据彼此的优劣势进行互补，以求长远发展。

2. 志同道合，师院初现，共创新高

对于教育类公司来说，师资是成功的关键所在，因为学生身份的局限，“慧读慧写”在师资吸纳上略显乏力。但同时也是因为学生的身份，让“慧读慧写”遇到了他们的第一位合伙人——郑琨老师。

郑琨老师是一位拥有十余年语文教学资历的优秀教育工作者，曾任报刊编辑、专栏作家数年，同时也是“慧读慧写”联合创始人大翔同学的语文老师，对其语文人生的发展起到了非常重要的启蒙作用。在了解到郑琨老师也在从事阅读和作文教育后，“慧读慧写”团队立刻联系到他，与其就小学阅读与语文教育展开了深入的交流。郑琨老师对“慧读慧写”的语文教学课程和方法表达了极高地赞扬：“你们的教学理念是先进且科学的，没有落入应试教育的桎梏，反而是超于应试教育，利于学生的终身发展。”

面对团队的合作请求，郑琨老师表现出了极大的支持与期待。所谓“巧妇难为无米之炊”，虽然“慧读慧写”拥有了课程和方法上的优势，可是师资确实是“慧读慧写”作为学生团队的一大硬伤。对此，郑琨老师利用其多年的教学经历，为团队提供了师资力量上的巨大帮助。在与郑琨老师及其团队的交流中，团队更加坚定了“慧读慧写”的创业理念——要坚定不移地做专注于全国小学生的读写培训学校；致力于让中国孩子爱上读写，成为高分高能的表达者，成长为独立思考、心灵丰富、大胆表达的人。

“师资培育是公司长久发展的必要基础。”在与众多优秀教师的讨论交流中，“慧读慧写”团队对师资的关注不再仅仅局限于寻找优秀教师，还迈向了培养师资的新阶段。“慧读慧写”团队通过了解各方信息，总结已有经

验，与合作伙伴郑琨老师协调商议，制定“慧读慧写”新阶段的战略计划——青年教师培养计划。该计划致力于培养时间自由、财务自由，能长期稳定跟随公司发展的专业教师。这些老师与公司是合作关系，而非雇佣关系。这种合作关系在保证教师教学素养的基础上，还有效地提高了教师的稳定性，解决了培训机构教师流动性大的问题。

3. 资金保证，注重细节，知行合一

老师的问题解决了，可是新学校的建立还面临着一个尴尬却现实的问题：没有资金。资金是初创公司的血液，一旦没有了健康的资金流动，将会影响众多项目的正常运转，严重时还会给公司带来不可逆转的伤害。

“慧读慧写”团队深知资金对公司的重要性，可是作为学生的他们上哪儿去找一个合适的投资人呢？在这时，苦思无解的“慧读慧写”团队找到了笔者。面对孩子们的困难，笔者急切地想要帮他们找到合适的解决方案。在一番交流讨论后，笔者想起了多年前 MBA 的一名学生——刘总。刘总作为川渝地区最大的家政公司的董事长，投资行业涉猎广泛，包括医疗、教育、餐饮等各方面，同时在行政管理和公司运营方面具有非常丰富的经验。寻求他的合作，不管从资金支持，还是运营指导上对项目都具有非常大的指导意义。在与刘总进行简单交流后，笔者便把他的联系方式交给了团队。

很快团队便和刘总约了时间见面。他们带上自主研发的课程提纲和教材，向刘总讲述了“慧读慧写”做小学阅读和写作专业机构的愿景和“慧生活、慧表达、慧思考”的教育理念，同时还为其带来了一堂生动的公开课。刘总在听了他们想法后，感触颇深：“你们的教学方法和教育理念是成功的、是先进的、是利于孩子的终生发展的。”

面对团队的资金需求，刘总表示了绝对的支持。此外针对“慧读慧写”师资培养计划，刘总表示了赞扬和欣慰。他说教育行业现在正处在发展期，行业集中度较低，创业和就业都相对容易。同时国家正大力鼓励“全民创业”，不管是应届还是往届大学生，他们的创业热情都很高，但实际的创业能力却参差不齐。他认为师资培养计划，将教师培养成共同创业者，在帮助教师个人发展的同时，也为公司的发展提供了强有效的师资保障，是很难得的；只是在实际运作方面还需要更为详尽的计划和方案，包括教师的分级报酬标准，教师的管理办法以及在学校扩展的过程中如何有效保证教学质量和高效管理等。

图 5-4 “慧读慧写”团队成员

在听了刘总的建议后，“慧读慧写”团队通过与多方合作协商将计划一一详细化、具体化，并在后续实施中进行不断地修正更改，逐步衍生出更为合理更为高效的计划。

四、获取投资意向——利用外界资源

初创公司想要成功获得投资，创业者也需要像其他人一样参加面试，只不过他们的面试对象不是企业的雇主，而是投资人。在面对投资人的提问时，我们必须要给出正确的，或是投资人所期待的答案。

投资人来自各行各业，有着自己独特的偏好，我们必须针对每一位投资人调整应对方法，这样才能够让他们对我们的初创企业产生兴趣。然而，投资人也有一些共性，如果能够了解这些共性，并且找到应对之策，那么就能够提高融资的成功率，为企业发展获得资金，将企业带到另一个高度。

1. 向投资人展示清晰的利润

投资人提供资金并不是单纯的因为他们喜欢企业的愿景，他们投资的目的是希望能够通过投资而获取额外的利益。

让未来的利润看上去很有前景，这是打动投资人最好的办法。所以我们必须要用非常专业而又令人愉悦的方式来展示预期利润。

以“YOUNG · 生”项目为例，在寻找投资方时，商业策划书明确给出了相应的财务预算以及财务分析，包括偿债能力分析、营运能力分析、盈利能力分析以及发展能力分析。此外，团队还进行了项目可行性分析与财务风险分析，并附上公司第一年的资产负债表、利润表、现金流量表。

2. 向投资人展示增长空间

投资人喜欢稳定、生命周期长，而且拥有大量消费者的市场，因此应该向他们展示企业价值，以及这个价值的增长空间。我们应该向他们解释产品会得到多少客户，以及现有客户的品牌忠诚度。投资人想要看到的不是他们的钱“打水漂”，而是会为他们继续创造价值，因此要让他们相信，投资我们的企业能够帮助他们获得回报。

对于“YOUNG · 生”项目来说，投资价值在于目前年轻一代消费能力增强，消费意识转换，更加注重生活品质，年轻人数量保持增长趋势，且年轻人消费力强劲，此外，精油市场的潜力也正在逐渐扩大，因此获利能力值得期待。

3. 拥有清晰的业务模式

投资人喜欢他们也能够参与的项目，因此拥有一个清晰、可复制的业务模式，能够让他们更感兴趣。在最理想的状况下，我们的业务模式应该规模能够轻松进行扩张，而且还要向他们尽可能地讲解细节，这样做的好处是可以让投资人看到项目增长点，而且让他们认识到这是一个不错的计划，也知道该如何将这个计划变成现实。

“YOUNG·生”项目采用线上线下结合的商业模式，解决了以往护肤保养过程繁杂的问题。项目提供线上预约、网上商城等一系列线上服务，消费者只需要在手机上简单操作，他们所需的商品就会送货到家。同时也提供线下的芳香理疗、精油调理等服务，满足年轻人的全方位护肤保养需求。

4. 向他们讲解想要解决的问题

一家成功的企业应该拥有一个清晰的愿景，以及其产品或是服务想要解决的具体问题。这个问题应该是目前困扰着许多人的，如果这个问题并不常见或是并不棘手，这意味着这家企业的客户规模很难扩大。但是无论目标市场规模是大还是小，我们都应该向投资人详细讲解想要解决的问题，并且拿出一个切实可行的产品来解决它。

“YOUNG·生”团队以阿里零售平台消费数据《拯救脱发趣味白皮书》为引例，在为投资人趣味描述的同时，也可使其意识到数据的权威性和情况的普遍性；让投资人了解到如今年轻人的爆痘、肤色暗黄、失眠、上火等常见身体问题以及暴躁、郁闷、压力大等精神问题。同时，“YOUNG·生”团队也展示了相应市场调研数据。

5. 向投资人证明与其他竞争对手的不同之处

如果业务中有一部分是独家所有的东西，这就是应对竞争最优的办法，因为没有人能够复制，我们是无可替代的。专利、商标和版权都可以作为独家所有。但是对于小企业来说，在投资人看来，商标和版权没有专利那么吸引人。如果没有独家的东西，我们也可以提出一个有创新性的观点或愿景。

“YOUNG · 生”团队运用 SWOT 分析方法，最直观地表现出其产品与服务的独特之处。团队最主要的优势为专业的专利技术，“YOUNG · 生”中五位团队成员来自西南交通大学生物治疗国家实验室，研制出一项省基金资助项目、三项发明专利，为专业服务提供了强有力的保障。

6. 向投资人证明我们有最好的团队

在衡量一家初创企业的时候，投资人往往会将这家企业的团队考量在内，他们希望看到一个充满激情、有能力，而且愿意付出的团队。因此不仅要雇佣最好的员工，还要让投资人接触员工，向他们证明与其并肩作战的是一个优秀的团队。毕竟，即使是一个在纸面上看上去非常优秀的创意，如果执行的人不够优秀，这个创意也会轻易地失败。

“YOUNG · 生”团队成员们因共同发现年轻人的亚健康状态而相遇，并创办“YOUNG · 生族”微信公众号，日常推送养生妙招并建立早睡早起打卡群，为唤醒年轻人对美好生活追求的愿望而努力。团队五名成员团结协作，一起克服了一个又一个的困难，使“YOUNG · 生”逐步成长起来。

7. 向投资人证明我们与客户有着紧密的联系

拥有回头客是一家企业能够获得成功的标志之一。除此以外，与客户有着紧密的联系，在投资人眼中看来，也是这家企业值得投资的标志之一。我们应该努力与客户建立起一种积极的关系，然后将这种关系展现给潜在投资人，告诉他们我们拥有忠实的消费者，他们会一直支持企业或是品牌。没有多少投资人愿意把钱投给一家把自己和消费者隔绝的企业。

“YOUNG · 生”团队在找到谭老师希望其进行投资时，谭老师便提出了这样一个问题："你们产品的购买回头率是多少？"可见，与客户保持紧密联系的重要性。所以，我们要善于利用相关的 CRM 系统，精确分析客户需求。

每个投资人都有着自己的性格和喜好，所以他们在寻找值得投资的公司的时候，都会有不同的侧重点。因此，了解对方，打动他们，是为公司获得投资的最好办法。

第 6 章

走向市场的通行证
——工商注册登记

创业公司里不缺点子，好的想法总是那么振奋人心。很多情况下我们会听到这样的话——“诶，这想法很不错诶。”然后就没有了下文。

算上执行成本与时间成本，让一个完美的想法变为现实，从来都不是容易的事情。而其第一步，是拥有将想法推向市场的通行证——注册一家属于自己的公司。

注册公司，这个最开始在初创者眼里遥不可及的事情，为追逐创业梦，通过他们的点滴努力，从一点点查询了解注册流程到多次去政务大厅办理业务，团队们最终创办了属于自己的公司，迈出了将项目真正投入市场运作的第一步。作为创业导师，笔者很欣慰能够看到他们涉及完全未知领域时的积极与勇敢、与社会接触过程中的成长与进步、追逐创业梦想的热情与坚持。

一、什么是工商注册登记

登记注册是企业组织生成的基本方式，影响到企业的生存、发展及其对经济的作用。企业进入市场的必经程序之一是在登记机关进行注册登记，只有先进行登记，才能取得生产经营的资格许可。在“大众创业、万众创新”和“互联网+”的时代热潮下，越来越多的创业者们愿意将“好点子”付诸行动，变身为“实在的生意”。如今注册一家公司也逐渐变得容易起来，以北京市为例，据北京市市场监督管理局数据显示，2018 年北京新登记企业 18.33 万户，日均新登记 790.26 户。

二、注册前需要考虑的问题

提到公司注册，大家首先会想到公司注册的基本流程。但是，在进入公司注册的基本流程之前，我们要知道自己到底要注册一个什么样的公司——是有限责任公司还是股份有限公司？如果我们要注册一个有限责任公司，那么是注册一人有限责任公司，还是二人及二人以上的有限责任公司？

公司类型分为有限责任公司、股份有限公司、有限合伙企业、外商独资公司、个人独资企业、国有独资公司等。针对大学生创业者来说，有限责任公司是目前最适合的企业类型。

有限责任公司是由五十个以下的股东出资设立，每个股东以其所认缴的出资额对公司承担有限责任，公司法人以其全部资产对公司债务承担全部责任的经济组织。

其比较适合初创企业的原因如下：

（1）有限责任公司的股东，只需要以出资额为限承担有限责任，这样在法律层面上就把公司和个人的财产分开了，可以避免创业者承担不必要的财务风险。

（2）有限责任公司运营成本低，机构设置少，结构简单，适合企业的初步发展阶段。

（3）目前成熟的天使投资、VC（风险投资），几乎都基于有限责任公司设计投资方案。直接注册有限责任公司，在未来引进投资过程中也会比较顺利。

有限责任公司还分为一人有限责任公司和其他有限责任公司。

它们区别如下：

（1）股东人数的区别。一人有限公司是一个股东成立的有限公司。其他有限责任公司，股东为 2～50 人。

（2）年报的区别。一人有限责任公司应当在每一会计年度终了时编制财务会计报告，并经会计师事务所审计；其他有限责任公司只需依法设置会计账簿来进行会计核算，无须经会计师事务所审计。

（3）设立个数的区别。一人有限公司规定，一个自然人只能成立一个一人有限公司；而其他有限责任公司，股东可成立多个有限公司。

（4）出资方式的区别。一人有限公司不能采用资金分期到位方式成立，股东必须一次缴足认缴出资额。其他有限责任公司可采用资金分期到位方式成立，首次出资不低于注册资本的 20%，余额 2 年内缴足。

考虑到参加“三创”赛的选手基本都是团队作战，因此建议建立其他有限责任公司。

三、注册登记全过程——摆脱“跑多次”的高效方法

确定公司基本性质等之后，我们便进入履行公司注册的具体流程阶段。

注册一家新公司的程序肯定是烦琐的，特别是针对从未涉足过这一领域、身上还承担着繁重学业的学生们来说。

“孩子们，我深知跑程序很烦琐，但是我相信大家肯定可以找出更高效的一种办法，团队可以明确分工提升效率，有一个同学统领注册登记这方面的事务，去进行流程方面的了解，剩余的同学根据需要去提供相关个人信息，全面配合。”

“老师，那注册登记的相关流程事项就由我去全面了解吧，让其他的同学把重心继续放在我们的项目上。”昕阳回答道。

在团队的配合中，“YOUNG · 生”团队始终会给予笔者这样积极的反馈，大家各自主动承担自己擅长的领域，而其余的同学也会积极去配合。团队分工明确，搭配合理，效率极高，关系融洽。

对于完成注册登记程序来说，最高效的方法就是线上了解全部流程，准备好相关材料，线下提交材料进行实地操作，摆脱“跑多次”“往返跑”的麻烦和大量的时间浪费。

1. 网上了解流程

注册公司的流程分为 4 步，如图 6-1 所示。

图 6-1　注册公司流程图

每个省份（或直辖市）都有其政府官网，因此在官网上了解流程是一个很好的选择。此外，对于流程上有任何疑问也可以通过电话咨询相关部门，避免出现不必要的错误和麻烦。

2. 在线企业核名

许多参赛队伍问过笔者：为什么要先进行企业核名呢？

原因有两点。首先是防止选择的名字与别人的同名。某些寓意比较好的且较为时兴的词，都是创业者们取名的首选，为防止自己选择的公司名字已被别人抢先注册，事前做好查名很有必要。其次是规范选取名字的用词。多数创业者在选取公司名称时，皆是根据自己的喜好来决定的，难免会出现一些用词不规范的现象，所以我们在注册的时候需要注意先核名看看自己的名称用语是否规范。

以“YOUNG·生”团队注册其公司为例，包括以下步骤：

（1）在四川政务服务网上注册自己的账号。

图 6-2　四川政务服务网用户登录页面

（2）进入四川省名称自主申报系统。

图 6-3　四川政务服务网名称自主申报系统页面

通过图 6-3 可以看到，公司的名字包括四部分，“YOUNG · 生”团队填入了以下内容。

① 所在地区：成都。

② 公司字号（公司具体名字）：脉思。

③ 公司的内容/性质：科技（公司）。

④ 公司具体属性：有限公司。

通过审核后，发现“成都脉思科技有限公司”这个名称没有被别人注册过，于是“YOUNG · 生”团队的公司名称就此诞生了！

需要注意的是公司核名时最重要的就是公司的字号，公司的字号使这家公司独一无二。

3. 提交材料

核名结束，就开始向工商管理部门提交公司注册的材料，比如公司章程、股东的身份信息、授权委托书等一系列资料。

资料的准备是很关键的一步。所需的相关材料在官网上都有呈现（如图 6-4 所示），政府官网也将示例样表一并展现出来，便于大家去了解和填写。材料准备要尽可能充分完整，这需要负责准备材料的队员细心和谨慎。

“YOUNG · 生”团队的队长国希和负责人昕阳携带准备充分的材料去政务服务大厅办理注册，当看到从没办过政务相关事项、从来接触过政务程序的他们，在不断地咨询相关人员以找到最正确的办事流程时，笔者知道，他们在向共同的梦想一步步靠近，也在收获自己的成长。

资料经过工商管理部门的审核，符合工商的要求之后，即可完成公司注册，政务服务中心会通过短信通知相关负责人，之后便可以拿到公司的营业执照了。

申请材料

材料名称	来源渠道	来源渠道说明	材料类型	材料形式	纸质材料份数	纸质材料规格	电子材料规格	材料必要性	示例样表	空白表格	需要提供材料的依据	受理标准	盖章或盖手印方式	备注
《公司登记（备案）申请书》	申请人自备	无	原件	纸质	1份	A4	不限	必要	下载查看	表格下载	【1】公司设立登记... 更多	无	表格要求盖章处盖章	—
公司章程（有限责任公司由全体股东签署，股份有限公司由全体发起人签署）。	申请人自备	无	原件	纸质	1份	A4	不限	必要	下载查看	表格下载	【1】公司设立登记... 更多	无	落款处盖章	—
股东、发起人的主体资格证明或自然人身份证明。	申请人自备	无	复印件	纸质	1份	A4	不限	必要	下载查看	表格下载	【1】公司设立登记... 更多	无	复印件上盖章	—
法定代表人、董事、监事和经理的任职文件。	申请人自备	无	原件	纸质	1份	A4	不限	必要	下载查看	—	【1】公司设立登记... 更多	无	落款处盖章	—
住所使用证明	申请人自备	无	复印件	纸质	1份	A4	不限	必要	下载查看	—	【1】公司设立登记... 更多	无	复印件上盖章	—
法律、行政法规和国务院决定规定设立公司必须报经批准的或公司申请登记的经营范围中有法律、行政法规和国务院决定规定必须在登记前报经批准的项目，提交有关批准文件或者许可证件的复印件。	申请人自备	无	原件和复印件	纸质	1份	A4	不限	必要	下载查看	—	【1】公司设立登记... 更多	无	复印件上盖章	—
募集设立的股份有限公司提交依法设立的验资机构出具的验资证明。涉及发起人首次出资是非货币财产的，提交已办理财产权转	申请人自备	无	原件	纸质	1份	无	不限	必要	下载查看	—	【1】公司设立登记... 更多	无	—	—

图 6-4 公司注册材料准备

4. 刻公司印章

工商注册登记的最后一步是给公司刻印章。公司的印章包括公章、财务章、法人章、合同专用章、发票专用章，分别有各自的用途。

（1）公章：用于公司对外事务处置。工商、税务、银行等外部事务处置时要求加盖。

（2）财务章：用于公司票据的出具。在出具支票等票据时要求加盖，通常称为银行大印鉴。

（3）法人章：有特定的用处，公司出具票据时也要加盖此印章，通常称为银行小印鉴。

（4）合同专用章：通常在公司签署合同时要求加盖。

（5）发票专用章：在公司开具发票时要求加盖。

具体的刻章程序如下。

（1）首先要先写申请书。

申请书格式如下：

申请书

×××公安局：

本×××公司，因×××（填写原因，如工作业务需要、开具发票等）需要向贵局备案申请刻×××章、×××章各一枚，本公司承诺会依据国家法律法规正确使用，对由此产生的一切责任和后果由我单位承担，与贵局无关，望给予审批通过。

特此申请！

法人签名：×××

申请日期：×××

（2）若去办理业务的不是公司法人本人，则需要写委托书。

委托书格式如下：

委托书

×××公安局：

本人由于工作原因，未能亲自来办理刻制印章业务，现委托×××（身份证号：××××××××××××××××××）前来代为办理×××公司刻章备案申请，对被委托人在办理上述事项过程中所签署的相关文件，我均予以认可，并承担相应的法律责任，请予以批准。

法人签名：×××

申请日期：×××

（3）复印法人身份证，营业执照正、副本，每一份由法人签名并写上“与原件一致”加盖手印。若申请刻发票专用章，还需要提供税务登记证正、副本复印件。

（4）材料准备齐全后去公司所属的当地公安局对外窗口办理刻章报备，登记完成后会领到一份已报备的通知，这时公安局办事处会指引到正规的刻章处刻章，带上这份通知去刻章处，缴纳刻章费用并上交通知书，等待完成即可领章。

基于以上，工商注册登记的全部流程就完成了。公司注册完毕，可以进入全国企业信息系统查询公司的基本信息。

三、开户税务等相关办理事项——开启公司的正式运营

工商注册登记只是闯过的第一关，公司想要正式开始经营，还需要办理图 6-5 中的事项。

图 6-5　开户税务流程图

图中四项事项流程都比较简单，材料准备齐全便可以完成。此外，队员们已经积累了办理工商注册登记事项的相关经验，熟悉了政务相关流程的操作并学会了与政务人员之间的有效沟通，有助于顺利地完成这些事项。

1. 银行开户

注册公司时，必须要开立银行基本户，人们通常所说的银行开户也是指开立银行基本户。该账户也就是公司的对公账户，户名为公司名称。公司可以购买支票，填写现金支票就可以取现。

银行开户手续比较简单，只要资料齐全、真实便可顺利办理。

（1）提前预约银行客户经理或直接带相关材料前去，一般需要公司的一整套资料，包括营业执照（三证合一）、法人身份证、公司的公章、财务专用章、法人私章，法人也必须到银行。

（2）在客户经理的指引下签署相关文件、盖章。

（3）银行会将相关资料报送央行，一般需要 5 个工作日，央行会下发开户许可证。

（4）等待客户经理通知去取证、回单卡、U 盾等。

值得注意的是，在开户和取证中，法定代表人必须至少亲自到场一次，银行经理会到公司所在地拍照。

2. 税务报到

从事生产、经营的纳税人领取工商营业执照，含临时工商营业执照的，应当自领取工商营业执照之日起 30 日内申报办理设立税务登记，税务机关核发税务登记证及副本；纳税人领取临时工商营业执照的，税务机关核发临时税务登记证及副本。

在申报办理税务登记时需要提供以下证件和资料：

（1）工商营业执照或其他核准执业证件。

（2）有关合同、章程、协议书。

（3）银行账户证明。

（4）组织机构统一代码证书。

（5）法定代表人、负责人或业主的居民身份证、护照或其他合法证件。

（6）税务机关要求的其他需要提供资料。

3. 申请税控和发票

首次申请增值税普通发票票种核定时需到办税服务厅提供以下资料：

（1）税务登记证副本或加载统一社会信用代码的营业执照。

（2）纳税人领用发票票种核定表。

（3）发票专用章印模。

（4）公章。

（5）经办人身份证或其他证明身份的合法证件原件及复印件。

如果申请增值税专用发票还需增加以下资料：

（1）税务行政许可申请表。

（2）增值税专用发票最高开票限额申请单。

至于税控机器，相关服务公司会提供一站式服务。

4. 社保开户

对于新公司来说，给员工购买社保不仅是对员工负责，也是对企业负责。因此，进行社保开户也是一项关键的事情。

以下是社保开户需要的相关资料：

（1）营业执照副本原件。

（2）法人身份证原件。

（3）公章和私章。

（4）参保人员工资表。

（5）参保人员身份证复印件和电话号码。

“YOUNG·生”完成以上流程后，一家属于自己的公司便诞生了！

上述的内容，是在公司的诞生之路上，团队成员们通过一步步尝试慢慢积累下来的经验。各地区相关程序可能有些不同，但整体思路不会有大变动。读者们可以登录自身地区的相关政府官网进行详细查询。

其实，在办手续的过程中，不乏一些工商注册代理机构可以提供企业注册一站式解决的服务，但高额的服务费与想要了解全部流程的学习欲望使“YOUNG·生”团队选择了全程亲自办理。但也正是因为摒弃了所谓的“捷径”，脚踏实地走出来的路使队员们收获了更多的风景和满满的成就感。

第 7 章

实用与美感并存
——对产品及包装设计的思考

一、产品设计过程——设计思考

对于“三创”赛的参赛队伍来说，产品（服务）是整个项目围绕的核心，通过提供的产品或服务，评委老师们才能直观地了解这个项目的内容、亮点和特色。所以产品凝聚着创业团队的项目理念，是至关重要的，那么如何进行产品设计呢？接下来为大家分享一种创意设计方法论——设计思考。

用户的需求，或者说问题，有时候很明显，有时候却很隐幽和模糊。因此，设计思考是发现问题和解决问题的思维过程。设计思考是一个以人为本的解决问题的方法论，很久以前就已经在设计师圈内被熟知，近几年拓展到整个产品和服务设计领域，它的目的在于能够快速、有效地为各种议题寻求创新的解决方案，为未来创造更多的可能性。设计思考的流程分为五个步骤，透过这五个步骤中不同的技巧发散以及收敛思想，可以让人们迅速地想出许多用来解决问题的创意点子。这五个步骤分别是：共情、共义、发想、原型、测试。具体可以阐述为以下五点内容。

1. 以人为本

“以人为本”的同理心是设计思考中非常重要的概念，第一阶段就是透过观察、用访谈技巧完成有质量的访谈，来了解及寻找被隐匿的需求，并想象不存在的解决方案。同理心说得容易做到却不容易，有些人认为设计思考只是单纯的工具，按照方法去操作即可，但事实上“以人为本”的同理心才是设计思考的内核，如果没有真正把用户装进心里、想要帮助用户去解决问题，就无法用好设计思考工具，所以如果要实现好的产品设计，一定要以同理心去了解用户的需求。

第一个步骤是确认设计主题、设定创新价值概念、确认受访对象等。创业团队在确定好项目的主要创新点之后，就可以着手进行访谈调研；设置好访谈的问题，找好访谈对象，深度挖掘用户相关的需求。此后根据访谈结果绘制 UX TABLE，将相关的文字整理成说的、听到的、想到的、感受到的四个方面的同理心地图，并据此通过因果关系和相关性，提炼总结出受访者（用户）的痛点和需求。

2. 设计观点

在收集到的调查信息基础上，我们需要更精确的定义需求。像“让学生的成绩更好”，这就不是一个精确的需求定义；而“提升学生在自习时间的专注力”，则是更精准的、入手点更明确的需求定义。只有精准定义需求，我们才能开始着手解决问题。

同理心地图完成后，创业团队可以根据需求写出设计观点（Point of View）。一个好的设计观点需要有一个清楚定义的对象、以动词表示的需求以及说明该需求产生或现阶段无法满足的原因——洞见。从需求到洞见，从“人与物的关系”发散挖掘到“人与人的关系”，才能让创新做到有用、有趣、更有情。在理解洞见环节，团队可以主要分享用户调研数据，进行数据的故事拼图，确认洞见并找出设计观点，再定义价值创新机会点。

3. 发想创意

找出设计观点后，创业团队再根据其提出“How might we？”的问题，再根据问题去发想创意。在这一环节，可以使用“脑力激写+TRIZ 发明原则”（TRIZ，可译为发明问题的解决理论，能够让使用者跳脱心理惯性或是常使用的试误法而产生更多有价值的创新想法）的方法。这个步骤可以看作是进行头脑风暴。围绕上一步定义的需求，我们可以跳出局限，打破惯性思维，提出各种各样天马行空的点子。不是一定要想到完美的好点子，而是要在一百个点子里选出最好的。在创意发想阶段，要牢记这样的规则：延迟批判，重量不重质，利用图像，精简地表达想法，延续他人想法，疯狂想象。毕竟这里的重点是发散思维，可以暂时不考虑想法的可行性，只管提出好的产品创意。

脑力激写便是团队成员将脑力激荡出的想法写在纸上，步骤如下：

（1）花 5 分钟在纸上的第一行写下 3 个（至少 3 个）创意问题的想法。

（2）将写好的纸张依次交给右边的成员。

（3）同时也收到左边成员递来的已记录下他/她想法的纸张，每人必须在这张纸的第 2 行写下另外 3 个对创意问题的想法。

（4）对创意问题的想法也可根据纸上所列，加入自己想法：① 强化纸张上的想法；② 将纸张上的想法进一步加以变化；③ 加入全新的想法。

（5）视小组的人数重复前面的步骤，直至每个人都在每张纸上写下他/她的想法。

4. 对产品创意进行筛选和分类

团队需要从数量众多的创意想法中进行选择，找到现阶段的 Best Choice，具体筛选步骤如下。

（1）影响/努力矩阵（Impact/Effect Matrix）（初步筛选）。

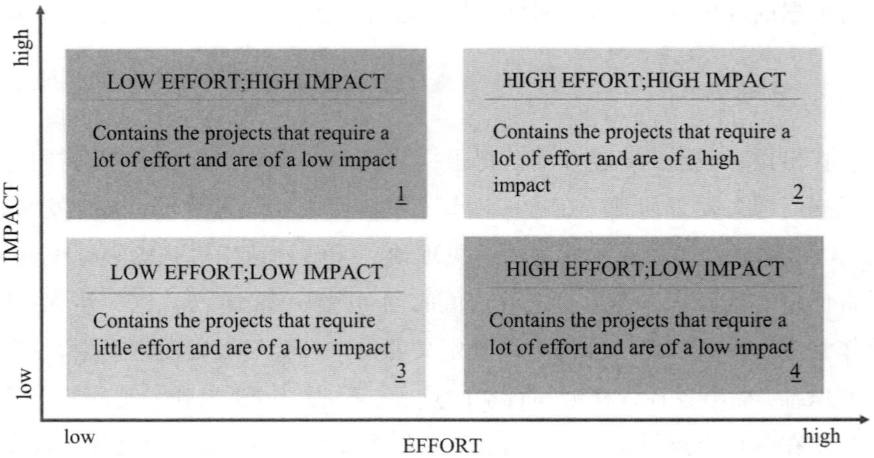

图 7-1 影响矩阵

① 第 1 区域（努力少、影响高）：第一优先级选择将精力投向这里。

② 第 2 区域（努力多、影响高）：一旦完成第 1 区域的任务，立马投入这里的工作。

③ 第 3 区域（努力少、收益少）：第三优先级，可以选择做。

④ 第 4 区域（努力多、收益低）：选择不做。

（2）创意点子概念筛选：卜氏矩阵（精筛）。

卜氏矩阵（Pugh Matrix）可以协助设计人员完成以下内容：从各种的可能选择方案中得出最佳的设计概念以满足各项需求准则；通过整合各种设计概念，强化设计结果。其具体操作是从多个维度来评价方案的好坏，根据重要性为每个维度设置权重值，然后对方案的各个维度进行 1 ~ 10 分的打分，最后综合算出方案的最终得分来比较多个方案的好坏。

（3）创意点子市场确认：KANO 模型分析方法。

在设计产品时，需要先提出产品的多项需求，识别出其中重要的产品需求。在 KANO 分析中有六种需求，最重要的有三种：M 基本型需求，O 期望型需求，A 魅力型需求。

① M 基本型需求（Must-be）。

这是顾客对企业提供的产品/服务因素的基本要求，是产品一定、理所当然要有的功能/服务/特性。使用者不会因为有就觉得满意，但没有一定会非常不满。

② O 期望型需求。

这是顾客的满意状况与需求的满足程度成比例关系的需求，产品有这种功能会比较好，但不是一定要具备，如果有则会让使用者满意度变高。

③ A 魅力型需求。

这是指不会被顾客过分期望的需求，是让用户觉得惊喜的功能，如果有，则会让使用者感到满意，但没有使用者也不会因此表现出明显的不满。

④ I 无差异需求。

这是指使用者对这一因素无所谓的需求。

⑤ R 不需要。

这是指用户不需要这种功能，甚至对该功能反感。

⑥ Q 有疑问。

这是表示有疑问的结果。一般不会出现这个结果，除非这个问题的问法不合理，受测者没有很好地理解问题，或者是在填写问题答案时出现错误。

5. Prototype 打造原型

这又被叫作快速原型试作，其原则如下：越丑越好，不用美化；越粗越好，不需精雕；越快越好，不需细琢；就地取材，能体验就好；用手思考。具体可以利用这些呈现方法：仿真设计、文具原型、剧本展现等。在筛选好产品创意之后，不要着急着手去做，项目团队不妨先快速打造原型，通过仿真设计或者剧本展现等方式来呈现这款产品进行测试，以此来观察此产品还有什么缺陷，还有什么需要改进的地方，快速试错，减少错误成本。

二、“YOUNG · 生”团队的产品设计过程

因为“YOUNG · 生”团队成员此前选修过笔者开设的创新创业课程，所以他们也是按照设计思维的方式进行的产品设计。前期在讨论的时候，笔者问道，“孩子们，你们项目的主题是什么呢？”“老师，我们想结合桃花这个资源为年轻人打造一款产品！”国希回答道。“那么你们有没有考虑过，产品针对的是哪些特定的年轻人呢？不如先整理下项目的主题，再来进行需求的确定。”在笔者的建议下，“YOUNG · 生”团队开始讨论整理相关问题。

“桃花怎么和年轻人结合呢？要不我们换个目标人群？”

“桃花有什么功效呢？总不能只做装饰品吧，太俗气，没有创新点啊！”

“年轻人喜爱美的东西，追求美好的生活，而桃花可以联想到‘桃花源’，代表着理想中的世界，可不可以用这个主题呢？”

“唉，我觉得很合适！”

……

讨论之后，“YOUNG · 生”团队明确了项目主题：YOUNG · 生——用芳香引领年轻人美好生活。创新价值是：市场需求大，采用全环节思考，使传统身体护理和健康问题实现现代化。成功的定义：改善年轻人的健康问题，引领美好的生活方式。衡量的方式：产品能解决年轻人的面部护理，缓解压力，改善身体健康。

接下来就是寻找访谈对象。由于初期会将产品推广重点放在大学内，队员们决定先找合适的大学生作为访谈对象。先根据前、中、后期时间线和功能性、不想要的、预期的、无预期的功能设置问题，而问题中也涉及产品的可能形式，例如零食、茶、精油、代餐粉等。而在访谈对象上，考虑寻找更有压力和更可能关注健康问题的人，队员们最终确定采访一位大三考研学生。在进行了 15 分钟的访谈后，国希和顾锦芳开始回顾整理用户需求。

“当时因为是一个人，然后没有搭伴，所以早上就不想去那边买早饭，然后就冲一点早餐的代餐粉，好像还挺有营养的……嗯就是没有吃食物的快感，但是很方便，然后可以帮你满足你的营养需求和节约你的时间。”

“我觉得条状的是要方便很多，因为像那种重的豆浆啊什么，也全都是条状就方便携带，然后也好冲。”

“你看我今天出门还看我的发际线，然后我对比了我高中的发量，我感觉自己好像头发少好多。大家好像都是这个样子，现在就这两边就慢慢成三角形了。”

“我记得有一个学期的期末好像就会用这个，那个谁啊好像拿了风油精，我们试了一下，但是没有经常用它，味道太大了，一个人用，周围的人都能闻到……而且它麻烦粘手，但如果是像那种精油的话，就带点护肤，直接就涂完也行。”

“我觉得心情会影响一个人，整个的什么都会影响。”

“我在学校不会喝茶，因为我自己也没茶叶，而且我觉得可能泡着有点麻烦，并且晚上喝了之后还总是睡不着。”

“到后期的时候下学期会很累，从早到晚的，肯定到时候体力会有点支撑不住。”

“我觉得压力这个东西吧，你要去刻意释放，肯定也是放不出来。”

“……也做过心理咨询，但我觉得也没解决什么实质性的问题，最后我是自己想开这样的，还是需要自我调节的。”

“但是我觉得中药是一种比较温和的方式，就不会让你觉得因为有病才要喝药，而是一种很积极的调理。”

……

整理完这些有用的访谈内容后，“YOUNG · 生”团队从看、听、感、说四方面总结出用户的痛点和需求如下。痛点：① 发量逐渐变少，变丑，担心颜值下降；② 没有身边朋友推荐产品；③ 特别焦虑，有压力，晚上失眠，担心考研失败；④ 吃零食太麻烦，要扔垃圾还要洗手，不能专心；

⑤ 保健品对肝的负荷大；⑥ 风油精气味太刺激，而且粘手。对应的需求是：① 解决脱发问题；② 产品信息全面靠谱；③ 缓解压力，提高睡眠质量；④ 提高学习效率，不影响学习；⑤ 方便使用；⑥ 温和、对身体无副作用。另外，队员们还去成都的茶市场、中医馆进行了调研和访谈，了解了一些中医药物在年轻人中的受欢迎程度。

接下来就是产品创意了，这可难坏了队员们。因为根据整理的年轻人需求来看，大家似乎更关心脱发、睡眠、压力这些健康问题，可这如何结合桃花设计产品呢？经过头脑风暴和讨论之后，队员们否定了零食、桃花茶这些形式，决定以精油的形式设计出自己团队的产品。初步决定的是主打桃花精油，具有润肤美白、祛痘、改善睡眠的功能；另外还推出功效精油和花香精油，功效精油针对脱发、失眠、感冒等问题，花香精油则侧重精油本身的香气，让人心情愉悦。而后续“YOUNG · 生”团队更多的是关注年轻人爱美这个点，又推出了桃花香皂、桃花泡澡球，和桃花精油一起组合成桃花系列。

“老师，我们已经初步设计好产品了，主打桃花精油，功能是润肤美白，结合中医按摩手法，还可以改善睡眠。”当国希向笔者汇报时，笔者思考一番，问道：“我觉得精油这个想法是可行的，那么桃花精油有什么亮点吗？如果没有亮点，那么它和当前市场上其他精油有什么区别呢？”听完这番话，队员们陷入思考。

近年来，笔者也看过很多优秀的参赛队伍，但更加希望看到有更多的技术性的产品出现，希望看到有更多实用创新的产品出现。因为掌握核心技术创新才可以在激烈的生存环境中获得持久优势，仅仅依靠一种新兴的商业模式，很容易被其他企业复制。要知道，现有的电商企业所掌握的资源要比普通创业者多得多，企业机制也成熟得多。如果其他人轻易地复制了自己模式，那么项目还谈什么长久盈利、良性发展呢？所以，就像前文提到的，应该完善团队的知识结构组合，在创业过程中创造出有着自己核心竞争力的不可被复制的产品。

最终，在多位老师的指导以及西南交大生物治疗国家重点实验室的支持下，“YOUNG · 生”推出最终的桃花精油。桃花精油由桃花单方油、β-山椒素、基础油等主要成分配比制成。其中桃花单方油具有活血化瘀、去斑增白、润肤悦色的功效；而创新性加入的β-山椒素，使得产品具有驱蚊助眠的作用。桃花精油使用天然植物原料，让年轻人达到美白护肤目的的同时，使用得安心与放心。而桃花精油产品还有以下技术优势：

（1）精油质量。根据西南交通大学生命学院周霞医师团队对精油各种基础油深入的研究，该产品采用β-环糊精与精油特定的配比、温度、时间，形成β-环糊精包合物精油的特殊工艺流程，大大提高了精油的利用率，在不添加其他副产品的同时，增加了精油的稳定性，保证了精油质量。

（2）创新制备β-山椒素。产品使用创新性方法，有效地解决了在花椒原料中提取高浓度羟基-β-山椒素单体的技术问题。主要有以下步骤：① 对羟基山椒素混合物进行提取，得到羟基山椒素混合物；② 对羟基山椒素混合物进行富集，减压浓缩得到羟基山椒素混合物浸膏；③ 对羟基-β-山椒素进行转化，反应后提高了羟基-β-山椒素在羟基山椒素混合物浸膏溶液中的含量；④ 对羟基-β-山椒素进行纯化，得到纯度达到 70%以上的羟基-β-山椒素单体。⑤ 重结晶，得到纯度达到 98% 以上的羟基-β-山椒素单体。

（3）优化配比。产品由国际专业芳香师蔡佳莹及中医营养师等 10 余名特邀专家历时 1 年，针对体质、中医药理论对现有精油配方经过 20 余次的材料和配比的优化，严格进行 10 多次的处方筛选，推出现有的八大系统标准化精油。

（4）增加透皮吸收率。现今市场中，多数精油产品的使用为蒸熏法和吸入法，但这些方法不能使精油有效地被人体所吸收。该产品结合中医理论，针对产品的不同进行不同穴位、经络的精准涂抹，提高透皮吸收率，达到良好的治疗效果。

三、产品包装设计的重要性

产品是整个项目所围绕的核心，但如果没有一个好的包装和设计，很难让评委被团队的项目所吸引。在最开始的组队阶段，前文也明确提出，“三创”赛的团队构成中最好有一位专门负责产品包装和美工设计的成员，或者其中的成员要兼备这方面的能力。

在对产品进行包装与设计时，首先要调查清楚产品的市场需求，即用户对此产品有何种要求。只有先清楚市场需求，才能在设计时通过产品的各个方面来满足需求，这样做出的产品才能够为市场所接受，在市场上得到流通，用户也才会愿意去购买，项目团队才能够收获利益。

为产品穿上美丽的外衣，关键的部分是产品设计。根据前期产品调查收回的反馈，整理出要点之后，团队中的设计师要做的是将这些需求导向巧妙设计在产品中。

产品在完成设计之后就要投入生产，对于大学生项目团队而言，产品的落地过程是整个项目中的又一难题。这要求团队在生产工艺上注意产品的成本、产品的外观、产品的功能，找出三者的最优组合方案。接下来讨论产品包装设计的问题。

销售用的包装是企业产品生产的继续，是顺利实现产品价值的组成部分，它充当着沟通生产者和消费者的桥梁和纽带。过去，产品的包装注重的只是实用、经济的原则。随着社会的不断进步、生活水平的不断提高，人们对美的追求不断上升，过时的包装理念及包装制品已远远不能满足人们的审美需求，美观、个性化的包装需求越来越为人们所推崇。一个成功的包装设计，不仅仅是保护产品，吸引消费者让其购买，更多的是使消费者认识企业及其独特的企业文化。

在“三创”赛中，所有的参赛产品都是以电商的渠道进行销售，消费者在看不到实物的情况下，第一时间是靠视觉影像去判断一个产品是否值得购买。因此，要想使团队的产品在短时间内在同类产品中脱颖而出，迅速吸引消费者的眼球，必须有好的产品包装。

产品包装具有传达产品信息、宣传产品的作用，包装是内在产品的外在反映。产品包装在保护产品、装饰产品的过程中，借助一些影像、图案、文字等给消费者创造一个美的视觉形象，以不同的形式表现和宣传产品的特点和功用，帮助消费者认识产品，刺激人们的视觉感观，有助于赢得更多的购物者和消费者，使消费者能轻松地找到自己所需要的产品。

另外，社会的进步，要求包装具有时代的气息，即时尚；生活水平的提高，人们要求个性的张扬，也表现在追求个性化的产品及其包装设计上。年龄的不同、性别的不同、生活环境的不同、知识水平的差异、地域的不同，都会使人们对包装的颜色、质地、图案等因素有不同的喜好，如何去追求包装的个性化设计，显示所包装产品的风格与身份，就是品牌要解决的问题。

产品包装有以下三大要点：

（1）实用。产品包装设计首先应该考虑的是满足消费者基本的需求，即保护产品，设计出的包装能保证产品的数量、质量、外观、使用条件等属性不被破坏。

（2）便捷。产品的包装设计要满足消费者的追求使用方便的心理，所以包装应该简单易辨，能够帮助消费者有效地认知产品，即使对产品不了解或者认知有一定困难的人群，也能轻松使用与分辨产品，而不是给使用者造成困惑或带来烦琐的使用体验。

（3）环保。在绿色环保、资源综合再利用的社会主流思想的影响下，各个领域的设计都在强调环保的理念，尤其在包装设计中，这一理念已经成为设计工作的前提。

四、产品包装设计的过程

对于参加“三创”赛的大学生创业团队，产品包装设计往往是很难解决的一个环节。在包装设计之前，笔者建议每个团队先明确包装设计的功能要求，可以通过讨论以下问题进行初步确定：

① 包装什么产品？

② 产品的物理特性是什么（固态的、液态的、粉末状、有色的、易碎的、吸湿的）？

③ 使用中的基本要求是什么？

④ 包装要求的功能是什么？

⑤ 包装的尺寸有多大（如单份服务包装、多个集合包装、家庭规格包装或经济型大包装）？

⑥ 包装的形式和形状是什么？

⑦ 包装（包括包装印刷）能否承受最终的使用条件？

⑧ 包装在流通过程中必须面临什么？

⑨ 必要数据（如销售商名称）和价格必须显示在包装设计上吗？是否使用其他任何可变信息？

⑩ 为何必须考虑特殊的包装设计特点？

⑪ 如果包装设计是异形，如何印刷呢？如果采用粘贴标签，什么种类的标签最合适？

⑫ 包装是如何被填充和封闭？

⑬ 包装能被完全封缄吗？需要重新封缄吗？

⑭ 封口的类型能满足营销需要或法律法规的规定吗？

⑮ 包装设计符合其他所有法规的规定吗？

……

相信每个团队如果能够回答完整以上问题，就可以确定自己产品的包装设计的功能需求了。那么接下来如何才能设计出合适的产品包装呢？下面为大家分享一些设计的方法。

1. 直接展示法

这是一种最常见的运用十分广泛的方法，能让使用者对所宣传的产品产生一种亲切感和信任感。这种手法由于直接将产品推到消费者面前，所以要十分注意画面上产品的组合和展示角度，应着力突出产品的品牌和产品本身最容易打动人心的部位，运用色光和背景进行烘托，使产品置身于一个具有感染力的空间，这样才能增强广告画面的视觉冲击力。

2. 突出特征法

运用各种方式抓住和强调产品或主题本身与众不同的特征，并把它鲜明地表现出来，将这些特征置于广告画面的主要视觉部位或加以烘托处理，使观众在接触画面的瞬间即感受到产品特色，对其产生注意和发生视觉兴趣，从而达到刺激购买欲望的促销目的。在广告表现中，这些应着力加以突出和渲染的特征，一般由富于个性的产品形象、与众不同的特殊能力、厂商的企业标志和产品的商标等要素来决定。突出特征的手法也是运用得十分普遍的表现手法，是突出广告主题的重要手法之一，有着不可忽略的表现价值。

3. 对比衬托法

对比是一种趋向于对立冲突的艺术美中最突出的表现手法。它把作品中所描绘的事物的性质和特点放在鲜明的对照和直接对比中来表现，借彼显此，互比互衬，从对比所呈现的差别中，达到集中、简洁、曲折变化的表现。通过这种手法能更鲜明地强调或提示产品的性能和特点，给消费者以深刻的视觉感受。作为一种常见的行之有效的表现手法，可以说，一切艺术都能受惠于对比表现手法。对比手法的运用，不仅使广告主题加强了表现力度，而且饱含情趣，扩大了广告作品的感染力。对比手法运用得成功，能使貌似平凡的画面处理隐含着丰富的意味，展示了广告主题表现的不同层次和深度。

4. 合理夸张法

借助想象，对广告作品中所宣传的对象的品质或特性的某个方面进行相当明显的夸大，以加深或扩大这些特征的认识。文学家高尔基指出：“夸张是创作的基本原则。”通过这种手法能更鲜明地强调或揭示事物的实质，加强作品的艺术效果。夸张是在一般中求新奇变化，通过虚构把对象的特点和个性中美的方面进行夸大，赋予人们一种新奇与变化的情趣。按其表现的特征，夸张可以分为形态夸张和神情夸张两种类型，前者为表象性的处理品，后者则为含蓄性的情态处理品。夸张手法的运用，为广告的艺术美注入了浓郁的感情色彩，使产品的特征性鲜明、突出、动人。

5. 以小见大法

在广告产品包装设计中对立体形象进行强调、取舍、浓缩，以独到的想象抓住一点或一个局部加以集中描写或延伸放大，以更充分地表达主题思想。这种艺术处理以一点观全面，以小见大，从不全到全的表现手法，给产品包装设计者带来了很大的灵活性和无限的表现力，同时为接受者提供了广阔的想象空间，使其获得生动的情趣和丰富的联想。以小见大中的“小”，是广告画面描写的焦点和视觉兴趣中心，它既是广告创意的浓缩和生发，也是产品包装设计者匠心独具的安排，因而它已不是一般意义的“小”，而是小中寓大、以小胜大的高度提炼的产物，是简洁的刻意追求。

6. 运用联想法

在审美的过程中通过丰富的联想，能突破时空的界限，扩大艺术形象的容量，加深画面的意境。通过联想，人们在审美对象上看到自己或与自己有关的经验，得到的美感体会往往特别强烈，从而审美对象能与人们融合为一体，在产生联想过程中引发美感共鸣，其感情的强度总是激烈的、丰富的。

7. 富于幽默法

幽默法是指广告作品中巧妙地再现喜剧性特征，抓住生活现象中局部性的东西，通过人们的性格、外貌和举止的某些有趣的特征表现出来。幽默的表现手法，往往运用饶有风趣的情节、巧妙的安排，把某种需要肯定的事物，无限延伸到漫画的程度，造成一种充满情趣、引人开怀而又耐人寻味的幽默意境。幽默的矛盾冲突可以达到意料之外，又在情理之中的艺术效果，勾引起观赏者会心的微笑，以别具一格的方式，发挥艺术感染力的作用。

8. 借用比喻法

比喻法是指在产品包装设计过程中选择两个本不相同，而在某些方面又有些相似性的事物，“以此物喻彼物”。比喻的事物与主题没有直接的关系，但是某一点上与主题的某些特征有相似之处，因而可以借题发挥，进行延伸转化，获得婉转曲达的艺术效果。与其他表现手法相比，比喻手法比较含蓄隐伏，有时难以一目了然，但一旦领会其意，便能给人以意味无尽的感受。

9. 制造悬念法

艺术的感染力最有直接作用的是感情因素，制造悬念让主体与美的对象不断交下疑阵，使人对广告画面乍看不解题意，造成一种猜疑和紧张的心理状态，在观众的心理上掀起层层波澜，产生夸张的效果，驱动消费者的好奇心和强烈举动，开启积极的思维联想，引起观众进一步探明广告题意之所在的强烈愿望，然后通过广告标题或正文把广告的主题点明出来，使悬念得以解除，给人留下难忘的心理感受。悬念手法有相当高的艺术价值，它能加深矛盾冲突，吸引观众的兴趣和注意力，造成一种强烈的感受，产生引人入胜的艺术效果。

10. 选择偶像法

在现实生活中，人们心里很可能有自己崇拜、仰慕或效仿的对象，而且有一种想尽可能地向其靠近的心理欲求，从而获得心理上的满足。这种手法正是针对人们的这种心理特点运用的，它抓住人们对名人偶像仰慕的心理，选择观众心目中崇拜的偶像，配合产品信息传达给观众。由于名人偶像有很强的心理感召力，故借助名人偶像，可以大大提高产品的印象程度与销售地位，树立名牌的可信度，产生不可言喻的说服力，引起消费者对广告中名人偶像所赞誉的产品的注意而激发起购买欲望。偶像的选择可以是柔美风情的女明星，气质不凡的男明星；也可以是驰名世界体坛的运动高手，其他的还可以选择政界要人、社会名流、艺术大师、战场英雄、俊男美女等。偶像的选择要与广告的产品或服务在品格上相吻合，不然会给人牵强附会之感，使人在心理上产生抵触，从而不能达到预期的目的。

11. 谐趣模仿法

这是一种创意的引喻手法，别有意味地采用以新换旧的借名方式，把世间一般所熟悉的名画等艺术品和社会名流等作为谐趣的图像，经过巧妙的整形履行，使名画名人产生谐趣感，给消费者一种崭新奇特的视觉印象和轻松愉快的趣味性，以其新奇感、神秘感提高广告的效果，增加产品身价和注目度。这种表现手法将广告的说服力寓于一种近乎漫画化的诙谐情趣中，使人赞叹，令人开怀一笑，让人过目不忘，留下饶有奇趣的回味。

12. 神奇迷幻法

运用畸形的夸张，以无限丰富的想象构织出神话与童话般的画面，在一种奇幻的情景中再现现实，造成与现实生活的某种距离，这种充满浓郁浪漫主义、写意多于写实的表现手法，以突然出现的神奇的视觉感受，给人一种特殊的美感，富有感染力可满足人们喜好奇异多变的审美情趣的心理。在这种表现手法中艺术想象很重要，它是人类智力发达的一个标志，可以毫不夸张地说，想象就艺术的生命。从创意构想开始直到产品包装设计结束，想象都在活跃地进行。想象的突出特征，是它的创造性，创造性的想象是新的意蕴的挖掘开始，是新的意象的浮现展示。它的基本趋向是对联想所唤起的经验进行改造，最终构成带有审美者独特创造的新形象，产生强烈触动人心的力量。

13. 连续系列法

这种方法通过连续画面，形成一个完整的视觉印象，使通过画面和文字传达的广告信息十分清晰、突出、有力。 广告画面本身有生动的直观形象，多次反复地积累，能加深消费者对产品或服务的印象，获得好的宣传效果，对扩大销售、树立名牌、刺激购买欲、增强竞争力有很大的作用。

五、“YOUNG · 生”产品包装的设计

对于“三创”赛的成员组成，前文强调过至少要有一位负责美工类的成员，或者几位成员能够兼具这方面的能力。“YOUNG · 生”团队的队长国希除了负责统筹安排外，也主要负责美工；而昕阳也可以辅助国希进行设计。

“YOUNG · 生”是以“用芳香引领年轻人美好生活”为理念，立足于桃花产业链高端，打造属于年轻人的芳香管理品牌，为年轻人快节奏便捷生活提供专业化、标准化、个性化的产品与服务。

“YOUNG·生”的目标客户确定为15～35岁之间的爱美人士，重点针对公司白领、工薪阶层及在校大学生等。该消费群体接受新事物的能力较强，对于香薰及纯植物鲜花萃取的产品有较强的好奇心而且有较好的收入状况能支持消费需求的实现。

爱美之心人皆有之，年轻人更会关注一件产品的“颜值”。所以对于“YOUNG·生”项目来说，设计出年轻人喜爱的包装是尤为重要的。包装设计一下成为“YOUNG·生”团队的难题，为此队员们展开了激烈的讨论。

“那么我们如何设计精油包装呢？”

“一定要和桃花联系起来，突出我们的主！”

“可是我觉得用花做包装太俗了唉，可不可以用二次元、动漫风呢？”

“我想要那种粉粉的颜值高的包装，一看就想买。”

……

在队长国希的提议下，大家先把自己的想法进行书面整理，最终整合讨论，对于精油及其他产品的包装有了初步的构想。首先是包装的功能性需求，“YOUNG·生”的主打产品精油的挥发性很强，一旦接触空气就会很快挥发，所以精油必须用可以密封的深色瓶子储存。其次是要突出项目的特色，由于以“桃花”“美好生活”为主题，所以大家决定要把桃花这个灵感与项目本身联系、结合，打造出独特的项目特色，这一步很关键。

最后是包装的可落地生产性，这一环节大学生创业团队常常由于经验不足、资金资源欠缺而无从着手；当着手后，又会面临出货时间难以精确掌控导致包装产品工作延后，包装品质不达标导致产品销路受损，包材价格波动导致成本波动难以预料等棘手问题，所以参赛者一定要重视包装落地这一环节，充分联系实际，做出最优化决策。那么“YOUNG·生”团队是如何做的呢？

在包装设计方面，由国希和昕阳一起设计包装盒的封面、LOGO和广告语。材料方面，精油选用玻璃滚珠瓶包装，方便涂抹；而整体采用桃花基调的粉色，突出桃花主题，并增添一份美好的“少女感”。在包装盒使用木质材料还是纸质材料的问题上，“YOUNG · 生”团队出现了分歧。

木质包装盒能够更有效保护运输途中的精油瓶装，但是缺点是比较重而且略显厚重，与“桃花”的主题不够符合；而纸质包装盒恰恰相反，它能够突出“桃花”的美感与灵气，但是又不能较好地保护精油瓶装，万一在精油瓶运输途中受到撞击、破碎或者泄露，纸质包装提供的保护有限。经过实验与对比，“YOUNG · 生”团队还是选择了纸质包装，通过增加内衬来加固精油瓶，从而赋予了产品更强烈的美感（如图 7-2 所示）。

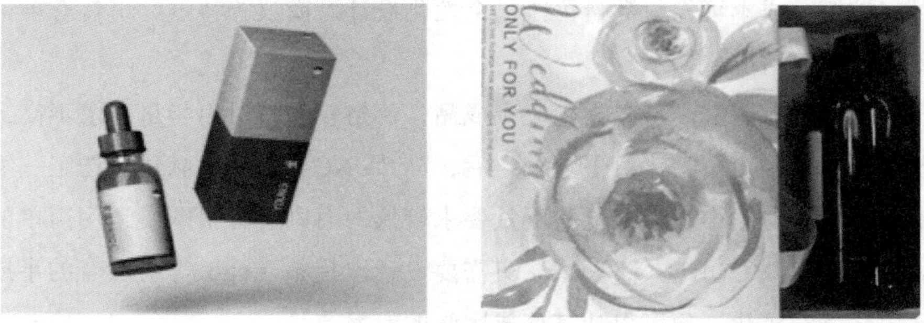

图 7-2　桃花精油包装设计图

为了突出“桃花”的亮点和美感，桃花香皂采用透明皂体、中心桃花的样式，增加桃花香皂产品的美感（如图 7-3 所示）。

图 7-3　桃花香皂包装图

产品包装不仅仅是设计，还要落实到包装生产。而参加“三创”赛的大学生队伍进行包装生产大致有两种方式：网购半成品包装进行再加工和购买包材联系作坊工厂从零生产。

作坊生产虽然可以最大程度地满足产品包装设计的个性化定制，但对成本控制的要求非常严格，需要进行大量的成本核算。由于团队资金有限且经验尚欠，同时虽然可选的作坊很多，单价和产品品质却参差不齐，加上包材行业的市场行情交杂，所以“YOUNG · 生”团队在经过讨论和比对后，放弃了这个风险较大的包装落地方式。而网购半成品包装具备拿货时间较短、成本可控、数量可谈、个性化设计可商议等特点，更符合项目团队的实际情况。

淘宝网有店家出售各类包装半成品，价格较低，对出货量要求不高，且拿货周期较短。在比对了多家之后，“YOUNG · 生”团队最后选定一家采购成本相对居中，但最低购买量要求较低的商家进行采购。运用简单的生产工艺，“YOUNG · 生”团队只需要设计出标签 Logo 等对已有的半成品包装进行美化，便可以让其变成团队的专属产品。

第 8 章

打造便捷的在线商城
——微商城的运营与管理

一、为什么选择微商城

“三创”赛全称是全国大学生电子商务“创新、创意、创业”挑战赛，相比于国内的其他大学生创业大赛，“三创”赛更加依托于电子商务运营模式，比赛更加注重信息技术在创业过程中的重要地位。近年来，各大电商平台为争夺市场“打”得热火朝天，但看似饱和的市场，其实还有很大的利用空间，需要有新的点子来充盈市场需求，这就要求大学生将奇思妙想与企业管理进行结合。

电子商务是一门实践性很强的新兴交叉复合专业学科，我国经济社会的发展也对创新型电子商务人才培养提出了迫切的需求，“三创”赛为大学生理论联系实际，学以致用，强化网络交互能力、团队协作能力、项目组织开发能力等大学生创新创业素质培养，提供了施展才华的广阔空间。

科技改变生活，科技也改变未来，5G 网络将会进一步提高移动终端接入互联网的速度；并且伴随着流量资费的降低，更多的人群会成为移动互联网的参与者，而电商也面临着一个新的发展机遇。

电子商务的产品营销、项目推广、服务提供都是在线上进行的，它对平台依附性大，对信息技术的依赖也更大。随着移动互联网逐步渗入电子商务领域，电子商务的交易终端开始向移动端转移。移动端相比 PC 端有明显优势：买卖双方都可以随时随地方便地进行交易，并且可以提供一些 PC 端所不能提供的服务。当今移动端的电商已然扮演着越来越重要的角色，很大一部分的年轻人主要购物手段就是移动端电商。

说到电商，大多数人可能会想到淘宝，2019 天猫“双十一”实时成交额数据定格在 2 684 亿元人民币，同比增长约 25.7%。今年，通过淘宝 App、天猫 App 等参加“双十一”的用户超过 5 亿，与去年相比增长 1 亿。天猫及淘宝总裁蒋凡认为，在新消费的机遇下，新的消费人口、新的消费供给、新的消费场景和行为成为天猫“双十一”最显著的特征。不少初创团队可能会考虑入驻淘宝平台，但是大家一定要同时考虑淘宝平台的优劣势。

就淘宝而言，流量容易获取是其优势。在淘宝平台上，客户目标很明确，即买东西。但这些客户群体粘性不强，买完了就走了；二是平台竞争激烈，初创产品难以在众多的同类产品中脱颖而出。通过搜索平台获得商品资讯的淘宝在很大程度上受到广告的影响，消费者前几十秒看到的产品、首页的推荐，是靠广告费用获得的，而不是商品的性价比。

而微商城属于商业运用的一种模式，它的传媒介质是微信平台，相比于淘宝天猫等购物平台，微商城的优势在于：① 推广费低，不需要缴纳店铺等费用；② 除了推广费用低之外，微商城的优势覆盖面也较传统的推广方式广，线上线下都能覆盖，而且推广效果好，与消费者的互动性更强，受众群体也更多；③ 同时还有更多的功能，提供广告展示、在线消费、互动和娱乐，还能够提供自动搜索、定位等功能。

“微商城开店门槛较低，无须缴纳开店押金等，正适合于像你们这样的初创团队”，所以笔者建议“YOUNG·生”团队以及其他很多“三创”赛的队伍，可以优先考虑选择微商城这类销售平台。

二、微商城的建立

“YOUNG·生”团队的微商城建立过程也并不是一帆风顺的。在校赛初期，“YOUNG·生”团队初步完成了微商城建立，起名为“淘桃商城”。虽然关于店铺装饰、商品描述等还未完善，但也具备了微商城的雏形；然而正当“YOUNG·生”团队着手进行商城细节美观设计时，突然发现淘桃商城不能继续免费使用了，至少开通几千元的套餐服务才可以继续使用。

原来是负责微商城建立的同学顾锦芳在选择微商城第三方平台时，由于缺少对这些平台的调研和使用经验，直接选择了有赞微商城。有赞的介绍中显示，这是一款较为成熟的线上开店系统，能帮助商家搭建网上店铺，支持拼团、砍价、优惠券、分销员、会员储值等上百种营销工具，以及客户管理、数据分析、行业洞察等多种功能。可是团队试用之后才发现还需要充值才可以继续使用。由于当时“YOUNG·生”团队处于创业项目的初期，资金并不充足，经过团队讨论还是放弃当前的有赞微商城，继续寻找其他低成本的平台。

微商城分为专业付费平台类型，如有赞、微盟、点点客等，收费根据商城的功能和商品数量，收取几千到几万人民币不等的费用；也有一些很实用的开源免费微信商城，如八城平台微商城（http://www.bacheng.biz/）、搜狐快站电商（http://www.kuaizhan.com/）、微店（https://www.weidian.com/）等，不论是哪个微商城平台，都各有优劣，如何抉择还要依据项目的实际情况。因此笔者建议“三创”赛的项目团队在建立自己的微商城时，应该充分地了解各个平台的功能、样式、优缺点、是否正规、收费情况等，然后根据自身项目实际情况综合考虑，选择合适的第三方平台。“YOUNG·生”初期淘桃商城的“夭折”便是由于未综合考虑而导致的。

在微商城初步建立之后，还要进行店铺装修、商品上架等各项操作。微信商城本身的设计就是基于社交电商，其想要达成的目标就是借助微信“熟人关系”去达到品牌快速传播的效果。所以微商城的运营核心，就是取得首层客户的信任度，再刺激客户进行分享。

消费者对一个陌生的东西一开始都是不信任的，很多人都选择从手中掌握的资源、渠道、社交圈去进行第一步推广，微信商城也是如此。当然，回归到商城本身，如果能够在微商城的版面、购物流程、营销模式的设计上最大化地给消费者信任感，会有很大帮助。具体可以从以下几点去考虑设计。

（1）包装品牌竞争力：突出微商城的特色。

现在做微商城的人处处皆是，如果我们的微商城没有自己的特色，不注重产品质量，就很难吸引用户的眼球，无法吸引用户就无法产生利润，即便短期吸引来了用户，也很难长期留住用户。

所以，我们要分析和了解目标用户真正需要的是什么，找出用户感兴趣的，在突出品牌特色的时候，着重强调产品质量，再结合对用户有帮助的内容进行推广，方才能吸引潜在消费者。

（2）重视客户和用户：多互动建立信任感。

微商城运营的第一功能是交易，解决的第一要素是需求，想要了解用户真正的需求是什么，最好的方法就是与用户互动。

在与用户互动的过程中，可以找出用户的真实想法，并且在与用户互动的过程中，还能提高微商城的访问量。这样能给用户留下非常好的第一印象，提升用户体验，还能提高和培养用户对微商城的信任感。

（3）服务力不亚于运营力：用心提升服务质量。

服务力并不一定是用财力堆建，也可以用心，服务质量首要在服务态度。在服务用户的时候，要让用户时刻感觉到我们处处都是设身处地为他们着想，不管是产品应用场景、还是售后买家秀，围绕产品用心诠释才会更容易被用户接受，让用户在心里产生共鸣，用户才能更加容易记住品牌。

（4）技术成就传播：营销活动，小奖品大人气。

没有活动，就没有人气。交易是最终目的，而浏览量、收藏量则是人气的源泉。汇集人气最有效的方法就是举行一些线上营销活动，设置奖品，用趣味的玩法加上奖品的力度吸引用户；线下也可做类似的推广。

基于此，微商城本身所具备的功能都是符合微信这个平台调性的，无论是限时秒杀、拼团、全返现还是分享砍价，在很大程度上都带有刺激他人分享的诱因。

（5）培养视觉审美：商城设计，专业事专业做。

一个商城或是一个人，能不能第一时间获得他人的好感、吸引他人的注意力，门面是第一要素。只有让消费者愿意在这个商城停留，才有成交的机会。因此，对于微信商城的模板设计一定要重视。任何细节都要有要求，商城名称要清晰有记忆点，LOGO 设计要有水准，商城图片要尺寸合适、像素清晰，版面规划要合理。同时关于视觉设计，最好交给具有专业技能的人来做。

但是，需要注意的是，微商城开始营业并不意味着大功告成，这一切只是刚刚开始，微商城的客源主要有三种来源：① 微信好友引流到微商城；② 在微商城终端的直接搜索；③ 公众号链接。由于刚刚起步，“YOUNG · 生”团队主要依托的是第三种途径，在自己公众号内附上产品链接并逐步完善微商城，是“YOUNG · 生”团队需要完成的事情。

三、商品管理

商品管理并非只是简单的商品上下架、商品价格的管理或者商品信息的编辑，更包括了微商城商品的一系列操作，比如商品分类、导入导出、防伪码设置等，熟练运用这些操作，可以在一定程度上增加商品和商城的竞争力。

商品管理的前提自然是要有商品，可以通过发布商品或编辑现有商品信息来实现。在发布商品的过程中，商家根据自身需要，自行对商品信息进行合理的编辑修改。完成商品发布过程的步骤分为选择商品类目、编辑商品信息、编辑商品详情。

编辑商品信息时，还可对该商品进行具体活动的设置，比如是否开启预售、商品佣金比例的设置、商品原价现价的设置、商品复购价格的设置、短视频介绍等，有助于更好地展现商品价值，提升购买率。开启预售活动，让商品提前进入销售期，有助于拉长商品推广周期，促进商城流量和商品销量。

对于商城的老客户，商家可以给予一定的优惠政策进行维护和留存，降低商品价格，以更优惠的复购价来吸引老客户也是一种有效的留存方式。同时设置复购佣金，激励会员的分销积极性。

做好微商城商品分类，能让用户进入商城时不会毫无目的地乱逛，而是有目标地根据分类来选择商品，可以增加用户购买效率，同时提升用户对商城的印象。

以“YOUNG · 生”团队使用的好业宝平台为例，商品管理有以下主要功能。

① 发布新商品：商品分为实物商品、虚拟商品、电子卡券；每当有新商品发布时，需要填写商品名称、图片、库存、价格、主要卖点、商品描述等。

② 商品编辑：除了可以重新编辑现有商品的基本信息外，还可以设置商品发货时间、库存扣减方式、快递费用、起售件数、会员权益等。

③ 商品分类：新增或编辑商品分类，可支持父类和子类，将商品划分到不同类别中。

④ 商品标签：设置商品标签样式（如图 8-1 所示）。

图 8-1　商品标签页面

⑤ 商品模板：设置默认商品页的背景、颜色、字体、显示等（如图 8-2 所示）。

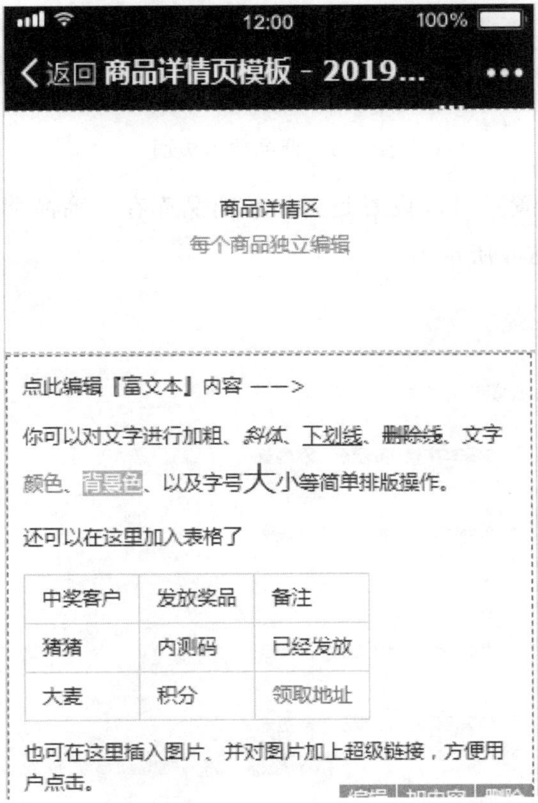

图 8-2　商品详情页模板

⑥ 商品导入：当商品很多，需要批量导入时，可以将商品基本信息输入到 csv 文件中，就可以上传文件批量导入商品（如图 8-3 所示）。

图 8-3　商品导入页面

⑦ 商品设置：可以设置是否显示商品库存、商品购买记录、商品评价等（如图 8-4 所示）。

图 8-4　商品详情设置页面

而“YOUNG·生”团队建立的淘桃商城便是依据项目产品的几大系列按类展示，包括针对人体八大系统不同症状的功效精油，调节心情的花 YOUNG 精油和独一无二的定制精油；针对年轻人常见的五种身体问题，推出五种花草茶和精油组合而成的“花 YOUNG 年华套装”；根据年轻人没时间吃饭等特点，推出五谷代餐粉和营养自烹盒系列。合理的商品分类，让产品展示条理清晰，从而被用户选购。

四、客户管理

提高销量是创业者最想做到的事。要想提高销量，除了产品的品质要合格以外，产品还要符合顾客的需求，才有可能实现用户的留存转化。用户总量提升，销量肯定也会相应上升，而对顾客进行精准化管理维护也就尤为关键。

1. 顾客资料管理

顾客资料管理是指对线上已购客户的管理与维护，以及新客户信息的创建与管理，包括客户姓名、手机号、生日、性别、需求、标签等。顾客信息越详细，后续营销越精准，就更容易促转化。每当节假日或者新品上架，结合产品的性质和针对的人群，可以通过群发短信的方式第一时间通知客户，增加客户的粘性。还可以增加互动活动/游戏次数，降低参与门槛。可以设置会员积分，积分兑换平台，微信抽奖、投票等形式提高用户活跃度。

2. 顾客筛选

微商城系统会员管理功能的基础功能就是实现顾客的添加和筛选，其中筛选的维度是由系统预设的维度决定的。客户信息维度包括：基础信息（姓名/微信昵称/手机号）、购买次数、积分、来源方式、来源渠道、客户标签等。其中来源渠道和来源方式是由系统自动识别的，主要用于标记用户来源，进而判定不同的获客渠道及获客方式下的客户转化效果。还可以对客户修改等级、修改积分、冻结会员、送优惠券、充值、消费、打标签等。

3. 客户标签管理

通过标签对客户进行分类管理，能够更好地了解客户，同时后期也可有针对性地做精准营销，更好地提高转化效果。“YOUNG · 生”对于用户的分类标签是：高频次购物、讨厌推销、爱还价、爱折扣、超爱美、意向用户。

微商城与传统的电商平台或线下店铺相比，最大的优势就在于“客户私有化”。基于微信用户的精准触达，从而建立自有的客户资源，通过对老客户的维系、营销等一系列的运营动作，来提升单个客户所贡献的价值。

“YOUNG · 生”团队使用 CRM 管理系统，对购买产品的用户进行标签分类，对每类用户制定不同的优惠政策。另外“YOUNG · 生”收集用户体质信息，将诊断结果等信息导入用户数据库，并根据数据库分析结果制定营销策略，如最近接受安神调理的用户增多，便在各大流量平台进行针对性宣传，安神类的精油也会相应地在微商城置顶。而且通过搜索偏好数据，可以看到买家搜索需求较大的商品，根据搜索热词有效调整店铺货架；当热搜趋势为上升箭头，表示对应商品市场潜力巨大，而当热搜趋势为下降箭头，表示对应商品需求开始萎缩，需谨慎投入。

五、用户分析

通过用户行为分析能知道用户画像以及用户在各个产品界面上浏览、点击、购买背后的商业真相。简单讲，分析的主要方式就是关注流失，尤其是对转化有要求的网站。很多 O2O 产品，用户刚接触就有很多补贴；但一旦资金消耗完，用户就都走了。这样的产品或者商业模式并不佳，我们希望用户真正找到平台的价值，不停地来，不要流失。

当有了很多用户行为数据、定义事件之后，可以把用户数据做成一个按小时、按天，或者按用户级别、事件级别拆分的表。这张表一是用来知道用户的基本行动，比如登录或者是购买，二是用来知道哪些是优质用户、哪些是即将流失的客户，这样的数据每天或每个小时都能看到。有了用户的行为数据以后，我们就能将其应用到以下场景：

① 拉新，也就是获取新用户。

② 转化，比如电商特别注重订单转化率。

③ 促活，如何让用户经常使用我们的产品。

④ 留存，提前发现可能流失用户，降低流失率。

⑤ 变现，发现高价值用户，提高销售效率。

1. 漏斗转化

漏斗模型最早是从传统行业的营销商业活动中演变而来的，它是一套流程式数据分析方法。漏斗模型的主要模型框架是通过检测目标流程中起点（用户进入）到最后完成目标动作，记录这其中经历过的每个节点的用户量与留存量，来考核每个节点的好坏，从而找到最需要优化的节点。可以说漏斗模型是用户行为状态以及从起点到终点各阶段用户转化率情况的重要分析模型。使用漏斗模型，可以分析站内广告位点击数据，追踪点击热点，发现热门商品，锁定潜在用户。

AIDMA 理论是漏斗模型的理论基础，在 AIDMA 模型下，如从消费者角度可以看到消费者们从不知情者变为被动了解者再变为主动了解者，最后由被动购买者变为主动购买者的过程，如从商品角度看可以看到市场从不了解到了解，再到接受的过程。AIDMA 理论有五个要素，如图 8-5 所示。

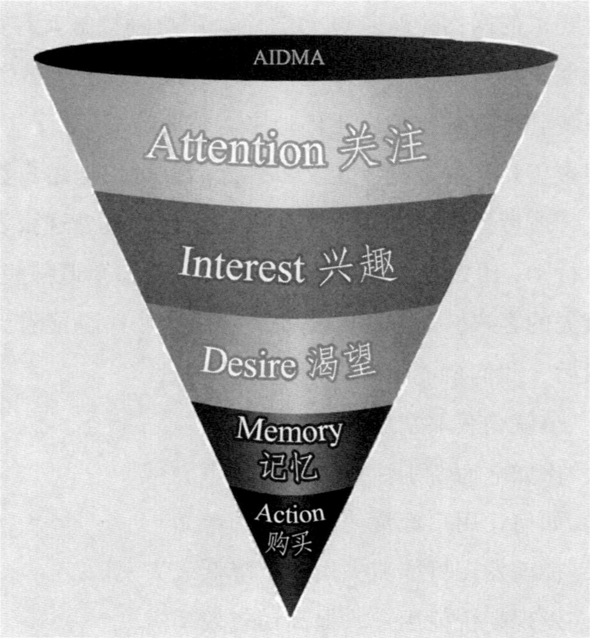

图 8-5 AIDMA 理论五要素图解

① A：Attention（注意）。这期间终端销售方会以广告、用户体验等形式让消费者了解其商品，当然如果其商品无人问津，那消费者们就都是不知情者。

② I：Interest（兴趣）。当消费者愿意接受销售方通过演示或展示、讲解商品，让消费者进一步了解商品，从而让其感兴趣，到此阶段为止消费者属于被动了解者。

③ D：Desire（渴望）。如消费者开始对该商品、终端公司提出问题，即表示消费者已经成为主动了解者，此时销售人员需积极获取其信任，交易成功与否，很大程度在于销售方是否获取了消费者信任并激发消费者的消费欲望。

④ M：Memory（留下记忆）。消费者对某商品已有很高的消费欲望时一般会货比三家，记忆中留下最深印象的那家是其最希望与其达成交易的

一方。但是同时如果消费者的经济能力小于消费欲望时，其很多时候只会把对某商品的消费欲望压制，故此阶段，消费者仍属于被动购买者。

⑤ A：Action（购买行动）。当消费者的经济能力足够负担并有强烈的消费欲望时，才会采取购买行为以采购其心仪的商品，此时消费者变为主动购买者。

比如产品的购买业务的完整流程如图 8-6 所示：查看首页——商品浏览——加入购物车——提交订单——支付订单。漏斗模型先将整个购买流程拆分成一个个步骤，然后用转化率来衡量每一个步骤的表现，最后通过异常的数据指标找出有问题的环节，从而解决问题，优化该步骤，最终达到提升整体购买转化率的目的。整体漏斗模型的核心思想其实可以概括为分解和量化。

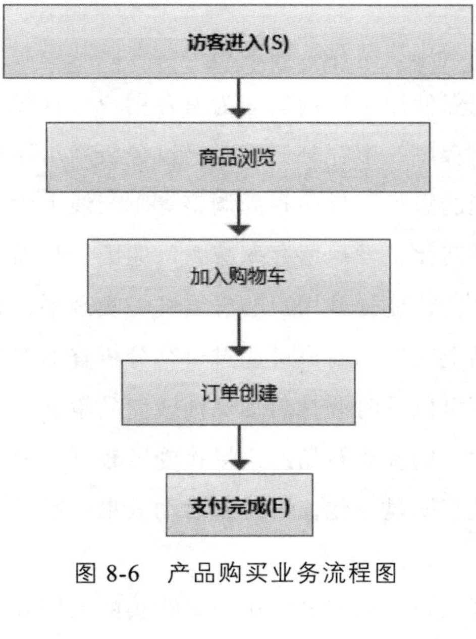

图 8-6　产品购买业务流程图

2. 用户分析

对用户的分析包括以下三方面：

① 对新增用户、活跃用户、沉默用户、地域分布、行业分布等进行分

析。帮助“YOUNG·生”团队关注产品不同阶段的不同用户数量、比例。以调整运营重点，比如拉取新用户、维护老用户、激发沉默用户等。

② 对终端来源方面进行分析，包括访问机型、来源域名、操作系统等。可以查看终端来源访问情况。

③ 对用户进行画像，是根据用户的差异把他们区分为不同类型，迅速组织在一起，然后把新得出的类型提炼出来，形成一个类型的用户画像，进而为产品精细化运营或营销提供可靠依据。用户的差异可以包括性别、年龄、地区、行业、操作系统等不同维度。根据用户行为和用户属性进行分群，掌握用户画像，通过自动化运营工作，采用内容运营、活动运营等方式，促使用户持续活跃，实现运营与营销，降低运营成本。

3. 留存分析

留存分析包括新用户留存、活跃用户留存。某段时间的新增用户，经过一段时间后，仍然使用该应用的即为留存用户；这部分用户占当时新增用户的比例即为留存率。留存分析旨在通过分析新增用户的留存率来评估产品迭代（新功能的添加、界面布局调整等）与线上营销活动的效果。结合用户分析、漏斗转化，发现留存率减少的原因，从而相应的优化产品短板。通过精细化运营，能提升用户的忠诚度，实现平台收益稳健增长。

当活动、新品上线后，商户可通过留存分析查看客户对店铺的粘性是否有所提升，从而可以及时调整活动规则或商品策略。如当新品上架后，店铺的访问量增加，则说明新品的市场接受度较好，而在商城活动期间，如果店铺访问量没有明显变化，则说明活动效果一般，商家需要及时调整活动规则。

通过数据，可以找到买家最佳访问、购买的周期或渠道，从而定期运营，制定相应的运营策略，提升留存质量，进而提升支付转化。

第9章

从流量为王到深度变现
——创业者的网络营销方案

一、顺应时代潮流

随着中国消费者数量的增加，消费者对各种商品的购买需求也与日俱增，许多商品仍旧会选择在实体店及电子商务的平台上（例如淘宝、天猫、京东、苏宁等）进行售卖。因此这就促使目前越来越多针对细分化消费人群的电商平台逐渐开始涌现：团购网站（譬如拼多多、魅力惠等），二手商品平台（例如闲鱼、瓜子二手车等），众筹网站（例如水滴筹）以及专门为消费者代购及海淘的跨境销售平台（如小红书、天猫国际等）这些都给中国市场带来了新的商业机遇。

另外，随着线上支付的愈加便利和社交平台的日益普遍、完善，社交类工具在人们的生活中扮演着非常重要的角色，它们不仅仅是和家人、朋友之间进行沟通、分享自己的生活的平台，更是许多企业商家进行营销的好媒介，采用短视频、网红、名人推荐等方式可以形成非常好的宣传效果。

二、网络营销

网络营销是以现代营销理论为基础，借助网络、通信和数字媒体技术实现营销目标的商务活动，是科技进步、顾客价值变革、市场竞争等综合因素促成的，是信息化社会的必然产物。网络营销根据其实现方式有广义和狭义之分。广义的网络营销指企业利用一切计算机网络进行营销活动，而狭义的网络营销专指国际互联网营销。网络营销具有信息传递效率更高、传递方式多样化、传递方向双向交互等特点。

互联网的深入发展促进了时代的进步，也显著改善了市场环境的经营方式。网络营销，作为互联网时代的重要产物，是一种创新性的营销概念，在当前的市场范围内，受到了广泛性的应用。然而，在全新的营销环境下，中小企业在营销工作实际开展的过程中，仍然面临着一定挑战，这在很大程度上限制了企业的发展进程。因此，在今后的经营范畴内，中小企业需要做的是根据网络营销的发展趋势以及具体的应用需求，就相关的营销理念以及具体的战略举措进行科学、有效的创新。

“三创”赛是一个电子商务比赛，而电子商务的难点就在于网络营销。随着目前网民数量的迅速增多，许多的实体企业开始采用各种各样的网络营销方式开拓线上的消费市场，常见的网络营销方式主要有以下几种。

（1）搜索引擎营销。

搜索引擎营销即 SEM（通常以 PPC 为代表），通过开通搜索引擎竞价，让用户搜索相关关键词，并点击搜索引擎上的关键词创意链接进入网站/网页进一步了解他所需要的信息，然后通过拨打网站上的客服电话、与在线客服沟通或直接提交页面上的表单等来实现自己的目的。

（2）搜索引擎优化。

搜索引擎优化即 SEO，指的是在了解搜索引擎自然排名机制的基础上，使用网站内及网站外的优化手段，使网站在搜索引擎的关键词排名提高，从而获得流量，进而产生直接销售或建立网络品牌。

（3）电子邮件营销。

这种方式是以订阅的方式将行业及产品信息通过电子邮件的方式提供给所需要的用户，以此建立与用户之间的信任与信赖关系。

（4）即时通信营销。

这是指利用互联网即时聊天工具进行推广宣传的营销方式，如微信、QQ群等。

（5）病毒式营销。

病毒营销模式来自网络营销，利用用户口碑相传的原理，是通过用户之间自发进行的、费用低的营销手段。

（6）BBS营销。

这个应用的已经很普遍了，尤其是对于个人站长，大部分到门户站论坛发言，同时留下自己网站的链接，每天都能带来几百IP的流量。

（7）博客营销。

博客营销是建立企业博客或个人博客，用于企业与用户之间的互动交流以及企业文化的体现，一般以行业评论、工作感想、心情随笔和专业技术等作为企业博客内容，使用户更加信赖企业，深化品牌影响力。

（8）微博营销。

微博营销是指通过微博平台为商家、个人等创造价值而执行的一种营销方式，也是指商家或个人通过微博平台发现并满足用户的各类需求的商业行为方式。

（9）微信营销。

微信营销是网络经济时代企业营销模式的一种创新，是伴随着微信的火热而兴起的一种网络营销方式。微信不存在距离的限制，用户注册微信后，可与周围同样注册的“朋友”形成一种联系，用户订阅自己所需的信息，商家通过提供用户需要的信息，推广自己的产品，从而实现点对点的营销，比较突出的如体验式微营销。

（10）视频营销。

视频营销以创意视频的方式，将产品信息移入视频短片中，被大众所吸收。这样不会造成太大的用户群体排斥，也容易被用户群体所接受。

（11）软文营销。

软文广告顾名思义，是相对于硬性广告而言，由企业的市场策划人员或广告公司的文案人员来负责撰写的“文字广告”。与硬广告相比，软文之所以叫作软文，精妙之处就在于一个“软”字，好似绵里藏针，收而不露，克“敌”于无形。

等到用户发现这是一篇软文的时候，已经冷不丁地掉入了被精心设计过的软文广告“陷阱”。它追求的是一种春风化雨、润物无声的传播效果。如果说硬广告是外家的少林功夫，那么，软文则是绵里藏针、以柔克刚的武当拳法，软硬兼施、内外兼修，才是最有力的营销手段。

（12）体验式微营销。

体验式微营销以用户体验为主，以移动互联网为主要沟通平台，配合传统网络媒体和大众媒体，通过有策略、可管理、持续性的 O2O 线上线下互动沟通，建立和转化、强化顾客关系，实现客户价值的一系列过程。体验式微营销（Has Experience Marketing）是站在消费者的感官（Sense）、情感（Feel）、思考（Think）、行动（Act）、关联（Relate）五个方面，重新定义、设计营销的思考方式。

此种思考方式突破传统上“理性消费者”的假设，认为消费者消费时是理性与感性兼具的，消费者在消费前、消费时、消费后的体验，才是研究消费者行为与企业品牌经营的关键。体验式微营销以 SNS、微博、微电影、微信、微视、微生活、微电子商务等为代表的新媒体形式开展，为企业或个人达成传统广告推广形式之外的低成本传播提供了可能。

（13）O2O 立体营销。

O2O 立体营销，是基于线上（Online）、线下（Offline）全媒体深度整合营销，以提升品牌价值转化为导向，运用信息系统移动化，帮助品牌企业打造全方位渠道的立体营销网络，并根据市场大数据（Big Data）分析制定出一整套完善的多维度立体互动营销模式，从而实现大型品牌企业全面的营销效果。这种方式以全方位视角，针对受众需求进行多层次分类，选择性地运用包括报纸、杂志、广播、电视、音像、电影、出版、网络、移动端在内的各类传播渠道，以文字、图片、声音、视频、触碰等多元化的形式进行深度互动融合，涵盖视、听、光、形象、触觉等人们接受资讯的全部感官，对受众进行全视角、立体式的营销覆盖，帮助企业打造多渠道、多层次、多元化、多维度、全方位的立体营销网络。

（14）自媒体营销。

自媒体又称个人媒体或者公民媒体，自媒体平台包括个人博客、微博、微信、贴吧等。

（15）新媒体营销。

新媒体营销是指利用新媒体平台进行营销的模式。在 Web2.0 带来巨大革新的年代，营销思维也发生巨大改变，体验性（Experience）、沟通性（Communicate）、差异性（Variation）、创造性（Creativity）、关联性（Relation）均被重视，互联网已经进入新媒体传播 2.0 时代。同时出现了网络杂志、博客、微博、微信、TAG、SNS、RSS、WIKI 等这些新兴的媒体。新媒体是促进公司发展的催化剂，在实体公司运营中，能有效地推广公司产品及平台，增加用户数量和支持度，使公司获得大量的关注。而在“三创”赛当中，新媒体运营渠道的展示能够让评委感受到团队审时度势、顺应当下潮流的特点；同时，因为新媒体的影响力广泛，还能够有效地增加项目阅读量和传播量。在项目运营过程中，通过新媒体运营的交互也可以获得用户意见。

不管是在实体公司运营中还是“三创”赛中，新媒体运营都能起到爆炸性的推广作用，宣传力度也是传统营销方式所不能比的。因此，参赛团队要对新媒体的运营给予足够的重视。

三、常用到的营销方式

1. 微信公众号

随着智能手机的不断创新，手机已经几乎普及到人人拥有，因其方便携带，是人们首选的社交工具。

微信作为仅次于QQ的大规模社交软件，作为一个新时期的社交媒体，随着其微信支付、城市生活服务等功能的推行，越来越被广泛地使用。它不仅可在手机端登录还可在电脑终端登录，作为商业人士可以利用开发微信公众号来传播自己本身企业的知名度和产品的影响力，因此它的出现也为企业带来了商机。微信公众号以其便捷灵活的操作方式、庞大丰富的受众群体、高效快捷的传播速度，迅速受到广大企业、商家的青睐和重视。它主要具有以下五大优点：

（1）客户黏度大。

做推广企业者们首选肯定一些推广平台，然而推广平台虽然阅读量高、引流大，但是掌控不了客户，使客户的流动性增大。而微信是人们常用的社交软件，日常使用惯性会使人们不由自主地打开，公众号可以随时更新产品信息，有客服引导还可以保持客户黏度，不断增加新客户对企业的关注度。

（2）线上服务。

微信公众号作为线上平台，它不仅有订阅号还有服务号，可以有效地帮助客户解惑或是更快地更新产品信息，这一平台解决了售前服务和售后服务的问题，还拥有在线支付的快捷功能，互动性和活跃度非常强。

（3）利润巨大化。

公众号营销虽然不及微博营销所带来的利润大，但是也仅次于它。关注公众号的都是企业的目标群体客户，都是了解产品或是已经使用过产品的忠实客户，但同时公众号也不断吸引更多的新客户群体关注，所以新老客户的共同选择使产品销售呈现出一种上升趋势，所谓的成本低利润大就是这样形成的。

（4）互动性强。

公众号采用一对一的信息推送方式，可以使企业更好地与客户沟通，增加信任感，客户咨询问题时也可直接在平台上阐述沟通，客服人员也可更高效率地帮助客户。有互动才会有新的目标群体客户加入，使客户感觉到该企业的真诚度，从而大大提高对产品的信任程度与关注度。

（5）成本较低，持续性强。

公众号的建立只需要支付创建号的费用，没有其他任何的交易行为。完善公众号信息，公众号只需要一人掌控，每天定量向平台推送关于企业或是产品的文章（最好是原创文章），使客户对该企业、品牌的认知越来越强，把客户聚集到这一平台上。要有计划地管理公众号，不可发与企业产品不相符的文章或是其他东西，这样很容易被客户取消关注。所以运营公众号的成本低，但是文章的推送使其持续性大大增强，想到达到更好的效果，必须要做到专业。

随着互联网技术与文化各个领域的深度结合，文化内容的生产和展示方式均发生变化。微信公众号弥补了传统媒介信息传播不足这一弊端，给人们提供了更多的文化内容选择。微信公众号的运营在“三创”赛中也十分重要，是参赛团队品牌的文化传播以及市场营销的重要途径。

运作公众号的主要目的是增加公众号阅读量从而达到对项目的宣传作用，以及提高微信商城的点击量和销售量，推动项目的盈利。“YOUNG·生”也推出了其微信公众号，用户可以在公众号内查阅到相关推文以及使用线上平台所提供的系列服务。那么在这里，也有几个运营微信公众号的小技巧分享给大家。

首先，作为运营微信公众号的基础，要确定用户群体。不同的用户群，对公众号的需求、公众号类型的偏好以及公众号的思维方式，均有所不同。有不同的用户画像，就要有不同的对策来应对。

在这种条件下，团队要做的就是寻找不同类别的用户需要什么、喜欢什么，并且从这些个性中找到共性，形成宣传目标和手段。

微信公众号弥补了传统媒介信息传播的不足，给人们提供了更多文化内容的选择。微信公众号的用户数量大，这是开展大数据分析的基础。通过对订阅者的用户资料、信息获取习惯、阅读行为信息提取关键词等数据的挖掘，有利于微信公众号运营方更加了解订阅者偏好，向订阅者推送更精准的信息，提高信息传播效率，使公众号良性发展。

例如“YOUNG·生”团队的公众号所针对的用户群体为15~35岁之间的爱美人士，重点针对公司白领、工薪阶层及在校大学生等。该消费群体接受新事物的能力较强，对于香薰及纯植物鲜花萃取的产品有较强的好奇心而且有较强的消费能力。同时该消费群体由于工作需要等原因对自身面部及全身护理较关心且在社交中往往采用赠送护理品等方式加强联络，有较大的产品需求。“YOUNG·生”团队明确了微信公众号的目标和定位，有针对性地营销，最终取得了不错的成果，促进了自身项目的发展。

其次，通过各种形式吸引用户。在确定了用户群体之后，就需要考虑如何吸引这些用户，虽然不同的用户会有他们个性的需求，但是依然有共性的方法可以来增强微信公众号的吸引力。

第一，所谓“题好一半文”。公众号在文章标题设置时一定要有创造性、新颖性，才能迅速吸引用户。除了针对性要强以外，在标题设置上也要别出心裁，要点突出，在推送的第一时间抓住用户的眼球，才能大大提升阅读量。例如：“这个学校用200节课，300个案例，让我的工资涨了不少！”在这个标题里，课程与案例的多少，与“学了就涨薪水”这个主题没有太大关系。同时语言也较为平实，不够有吸引力。而如果改成“只在这儿学了3个月，我的工资就涨了一倍！”效果就会好很多，为什么只学3个月薪水就能涨一倍呢？学了什么能让薪水涨一倍呢？设置悬念的同时，也会让大家对这个标题与文章充满期待。

第二，专业定位，创新内容。一是要在内容推送上要重视内容的原创性，差异化。内容形式要有一定的差异化，单一的文字推送必然会使用户产生厌烦。团队可以采用语音、视频、动图多种形式结合的方式。例如：很受年轻人追捧的社交性公众号“概率论”，不仅采用几种媒体形态结合的方式，同时加入了各种线上小活动，使那些即使是偶然关注到这个公众号的用户，也能一直保持有新鲜感。做到了这一点，就能够积攒一部分忠实粉丝了。二是在内容推送上要做到定位准确，考虑内容是否对用户有用。例如一个外语教育类的公众号，就没有必要在其中推送社会新闻、潮流资讯等与外语无关，与用户无关的内容。

第三，线上线下，增加互动。专业技术类公众号可能太强调专业传播而忽视人性化的用户交互，导致优质内容的传播力打折扣。虽然推送优质内容是重点，但是做好线上线下及时的反馈与交流同样也是重点，运营者应该将“用户至上”的理念贯穿在每一个运营环节，与客户形成互相尊重和友好的交流关系。

例如许多公众号会在每日推送的最后发布“互动话题”，然后在第二天以推送的形式进行互动话题的展示。同时，用户还可以输入内容，在后台进行回复；最后，设置专门的自动菜单，供用户自主选择想要进行互动的内容，有利于不断优化用户的使用感。

第四，加强团队建设，提升专业能力。在这里所要强调的一点就是坚持，这是最重要却往往也是最容易被人忽略的一点。假如将每日推送时间设定在手机使用高峰段，北京时间 8:00，那就要做到长期的坚持。长此以往，用户会形成查看今日推送的习惯，无形之中成为固定粉丝。

公众号会朝着垂直化、专业化运营方向发展，这也强调了专业化的重要性。作为专业技术公众号必须要有专业团队的指导，才能推出符合用户需求的内容，专业技术公众号的传播和运营的都是领域内的专业内容，推文及话题的专业性、代表性尤为重要，因此这也对运营团队提出了更高的专业要求。这所有的一切，都要求团队在运营过程中，合理分工，最大限度地发挥每一个人的潜力。

当然，在团队建设里，必不可少的还有粉丝互动。对于公众号推送者而言，有互动才能了解到有多少受众在认真看其内容；于受众而言，有了互动才让他们感受到被关注、关心。互动的字数可多可少，甚至可以是一个表情，都能让人们隔着屏幕感受到温度与感情。

同时，微信营销是亲民而不扰民的，用户可以许可式选择和接受其中信息，微信公众号虽然可以将内容进行主动推送，但要始终记得用户才是信息接收的权利主体，要把主动权交给用户，让用户之间选择自己感兴趣的内容，比如回复关键词就可以看到相关的内容。例如“YOUNG·生”团队根据目前在年轻人中常见的脱发、失眠等症状的相关内容设置关键词，用户可根据需要查看相应内容。

注册一个微信公众号是容易的，但是运营好一个微信公众号却是困难的，除了需要有一定的技术知识和文案功底，同样需要运营者有强大的心理和坚持不懈的毅力。

在“YOUNG·生”项目不断成熟的过程中，他们的公众号也一步一步地完善，从最开始由花茶创意出发的“YOUNG·生族”到最后功能强大的“桃 YOUNG”，他们不断根据实际情况建设、运营和维护这个公众号。在这期间，个人账户没办法搭建商城、企业账户文章篇数有限制以及功能菜单的设计整合等问题，他们都一一解决并深度拓展，还添加了刷脸测睡眠等趣味功能。

在这过程中，深深打动笔者的不仅仅是他们公众号的内容好，质量高，更是他们这种追求完美的态度。笔者相信，只要有一颗上进的心，一切困难都将是成功路上的垫脚石，正所谓“有志者事竟成”。

2. 抖音、微博、知乎等多渠道

（1）抖音。

如今，各种短视频充斥着我们的生活，其中最火热的便是抖音 App，经调查，抖音的用户群体大多为出生于 1990 年到 2000 年的年轻群体，并且截至 2019 年 2 月抖音月活用户数量已达 156 亿，利用抖音来推广是当下非常热门的新型宣传手法。

因此，“YOUNG·生”团队便在抖音等短视频平台上注册了“YOUNG·生”官方账户，定期发送有趣的短视频，吸引客户。

但是光知道宣传途径是没有办法到达吸引客户、扩大品牌知名度的效果的。怎么样根据热门话题打造出热门爆款是关键。

一个好的短视频作品要想吸引人的基础便是一个好的想法，也就是创意，这也是短视频中最难的一点。

创意的来源可以从三个方面去着手：一是抓住团队项目本身。思考怎样将团队项目通过短视频的方式展现给受众，这既是一种创意思考方向，也是拍摄短视频时所要追求达到的最终目的。二是要紧跟热点，抓住热门。抖音每天都有热门视频排行栏，团队不妨打开看一看，拍摄集热点与项目本身于一体的短视频。三是要回归生活。艺术来源于生活而高于生活，留心生活中的小细节，慢慢积累，或许某次发现就能成为创意的来源。

（2）知乎、微博。

知乎作为一个汇聚各行各业专家的知识分享问答社区，通过探讨性、精准式、知识传播型的回答，能很好地达到病毒式传播的效果，同时也能够让我们看到项目发展中的一些问题，不断地完善。

那如何在知乎里快速增加粉丝，扩大知名度呢？无非就是写回答和写文章了。以下是一些小的技巧建议：

① 写的答案要多于文章。

② 要找关注人数多的问题回答。

③ 首页有关注、推荐、热榜，可以找热榜的问题回答，“爆”的概率更大。

④ 回答了某个问题，可以同时发表成文章同步到自己的专栏。

⑤ 知乎随便写十篇回答不如用心写一篇回答。

⑥ 一篇文章要“爆”，主要看反馈，也就是赞、感谢、评论，所以可

以找人点赞，但并不是每篇都只让别人点赞就好，而是答案发表出来之后，如果在一定时间，已经有一些人点了赞，说明这个答案有“爆”的潜质，这样再找人助推，就有可能“爆”。

一个普通用户的赞传递的权重，不如一个大 V 传递的权重，所以可以找有影响力的大 V 助力。

⑦ 注意细节。开头第一句话要抓住用户眼球，让用户看下去；文末，要引导用户点赞，从而让知乎增加曝光。这样就有可能会有人关注首页，或者关注相应公众号，或者加回答者的微信。

⑧ 用户会在知乎搜索文章，所以文章时可以在标题布局一些关键词。

⑨ 如果一个大 V 点赞或者收藏了文章，这篇文章就会在他的主页显示，而大 V 的主页会被他粉丝看到。

所以可以找大 V 点赞或者收藏自己发表的文章。再或者发表了文章后，再自己收藏自己的文章，这样也增加了曝光。

但是要切记，知乎上看重的更多的是有价值的内容，而不是单纯的营销。对于初创企业来说，目前还没有什么知名度，因此可从图 9-1 中的热门话题中寻求客户，找存在感。同时，在介绍品牌或者产品时要尽可能详细和及时解答客户的问题。

但是创业者需要根据自己的项目，考虑清楚是否适合进入驻知乎。除了一些特殊机构如“中国科普博览”“中国印钞造币”这样的账号外（它们不为营销，只为科普大众不了解的冷知识，或者说，那是另一个境界的营销）。作为企业，打算入驻知乎前，应该先想明白：自己的目标用户在知乎上吗？他们需要这些知识、经验和见解吗？知乎营销更适合“有内涵”的行业，例如知识密集型和技术驱动型行业。前提是这些“内涵”对高知高收入人士有切身价值。另外，知乎上不仅仅是宣传传播，更多的是一种讨论，如何持续、及时产出内容非常重要，往往需要一个专业的团队来运营操作。

图 9-1 知乎用户话题谈论

而微博是社交平台。微博是一种基于用户关系信息分享、传播以及获取的通过关注机制分享简短实时信息的广播式的社交媒体。发布微博内容时要重视热搜榜、话题榜、实时热点榜的功能。同时也要借助一些微博大咖的大量粉丝来宣传，巧妙借助热点事件将项目推广植入其中，将团队项目呈现在一众网友眼前，使项目被人所熟知，从而达到广而告之的目的。

在微博上发布内容，除了要想办法吸引粉丝之外，也要重视服务态度，及时回复私信。而微博上一些新的形式，例如抽奖等热门活动也可以很好地利用起来，进行对用户群体的回馈，增强用户黏度。“YOUNG · 生”团队便在微博平台上进行点赞转发抽奖等活动，免费送出桃花精油系列产品，达到了很好的宣传效果。

3. 建立线上交流社群

仅仅把产品卖出去不是企业的目的，尤其对于初创企业来说，服务是非常重要的，在产品的售卖出去之后，我们仍然要时时刻刻关注用户的使用情况，及时调整方案，因此长期有效的沟通和持续跟进是有必要的。一方面，我们可以通过客户反馈达到更好的宣传效果，另一方面这也体现了我们服务的用心程度。在社群中，我们需要指派专门的人员在里面解答各种问题，类似于客服。

同时社群的存在也为我们扩大了潜在的客户群体。我们可以通过在群内不定期的举办活动、提供政策以及科学知识、护肤知识来扩大社群中的人数，随着长时间的积累和群内老客户的良好反馈，客户人群必将不断增加。例如“YOUNG · 生”团队一开始的社群仅有一个，且人数不到 100 人，但后来随着活动的开展以及良好的口碑营销，社群规模也在不断扩大。

第 10 章

让成果展示更完美

——创业路演与答辩技巧

全国大学生电子商务“创新、创意及创业”挑战赛（简称“三创”赛）由全国电子商务创新产教联盟主办，是为了激发大学生兴趣与潜能，培养大学生创新意识、创意思维、创业能力以及团队协同实战精神的学科性竞赛。

它从校赛选拔至省赛，再到最终的国赛，其选拔方式主要是先通过项目策划书进行第一步筛选，然后再进行现场答辩来评选出最终优秀的项目与团队。本章将介绍比赛答辩这一最终的“Last but not least”的环节。

可能大家会觉得，前面已经完成了这么多东西了，项目基本已经可以成型了，策划书就能把团队所做过的内容呈现给评委老师，难道不比答辩更有说服力，更能证明团队的努力吗？但在现场短短的十来分钟答辩时间内，评委老师们是无法看完项目策划书中的所有内容的。而比赛答辩就是一个将项目内容快速展示给观众及评委的过程。

除此以外，一场发挥好的比赛答辩还能弥补参赛队员作为大学生初创者书写项目策划书时可能出现的缺陷漏洞，起到给项目加分的作用。同时，在完成项目陈述之后，评委老师可以通过提问来更深入地了解项目，并提出建议帮助团队更好地完善项目。

那么如何才能够做到完美的答辩？如何才能在答辩时将所运行的项目完整地表现出来？如何使长处耀眼并掩盖瑕疵？如何才能吸引评委们的注意力呢？

下面从演讲稿的撰写、答辩 PPT 的制作以及现场答辩这三个方面进行介绍。

一、撰写演讲稿

演讲稿的内容要包括创业项目从创业思想雏形到与团队一起协商完善思路，然后开始具体逐步实施，再到后期的补充与完善等过程，而演讲的目的就是为了将这些内容有重点、有层次地要向评委们介绍。

提前准备演讲稿在这样一个大型比赛的现场答辩环节中是非常有必要的，一定要事先写好稿子并且背得滚瓜烂熟再上场，若是没有充分的准备，很难在现场灵活应对各种情况，而且有了演讲稿能在一定程度上缓解紧张的情绪，在熟记的情况下，即使在现场十分紧张，也能够靠肌肉记忆和惯性使自己自如地发挥。

也许有的同学演讲能力很强，认为只需要写一个演讲稿的大概雏形便可以临场发挥。但若是现场发挥的时候突然紧张，大脑空白，那这造成的演讲卡顿，损失的陈述时间，无从弥补。

总而言之，提前准备好演讲稿是非常必要的。下面具体分析如何撰写一篇电子商务“三创”赛的现场演讲稿。

1. 演讲稿的套路

（1）字数与形式的套路。

已经举办了九届的“三创”赛在演讲答辩中，团队的演讲其实已形成一些固定的“套路”，所以大家不需要过多地担心无法写出演讲稿，更需要思考的是如何提炼文稿。

从字数上来看，总决赛的答辩陈述时间只有八分钟，相应的稿件字数需要参考演讲人的语速来调整，参考的字数为两千字左右，根据各自的项目以及演讲人的要求灵活调整。字数过多会导致时间不足，项目无法陈述完毕，或是演讲人语速过快导致观众的听感观感很差，项目的展示效果不佳。相反，字数过少会导致无法充分地展示项目的各个方面，会给评委观众一种做得很少的错觉。因此，字数控制得当也是一项有讲究的技术，最好将演讲人紧张、卡壳的情况也考虑进去，给予多 10 至 15 秒的空余陈述时间，让演讲人能更轻松无忧虑地发挥。

从形式上来看，开头的问候语、清晰的思路展示（即 PPT 目录页、标签过渡页）等是必不可少的。一般来说，电子商务“三创”赛的比赛项目答辩都离不开以下这几个模块：项目背景（包含项目引入、市场背景、痛点与需求、项目雏形等）、产品与服务、核心优势、营销模式、运营模式、盈利模式、竞争分析、项目成果、团队组织、未来发展等。

“慧读慧写”团队的演讲稿就遇到了字数过多而时间不够的问题。两位主讲的成员中间只要有一点来不及反应，就会遭遇演讲超时的情况。

“老师，我们的演讲稿不能删减了，全部都是需要提到的内容，这该怎么办呀？”队长大翔为这个问题十分苦恼。

“在比赛里面，时间观念要特别地强，否则便是扣分项。”笔者这样告诉他们，并和成员们一起打开电脑逐字逐句地梳理演讲稿。通过梳理演讲稿，笔者发现了他们在撰写演讲稿时出现的几个问题，导致演讲稿的字数过多。具体有以下几点：

① 修饰性词汇太多。

演讲稿不是写文章，不追求词汇的优美与华丽。修饰词汇太多是“慧读慧写”团队的超时演讲稿中一个重要的问题。他们运用了较多的修辞用语，虽然朗朗上口但却空洞且占字数。

② 语句冗长不简洁。

演讲稿所追求的是让评委一听就明白项目是什么并对该项目产生兴趣。冗长的语句听起来会很费力，信息太多集合在一起也让评委找不到项目的重点。因此，演讲稿要追求语句简洁精悍，直截了当。当然，在有限的语句里要表达足够多的意思，需要不断对自身项目进行剖析总结。

（2）内容的套路。

讨论过字数和形式上的“套路”，接下来就应该探究讲稿的具体内容了。

一篇好的演讲稿应当有哪些内容呢？

首先第一点，要学会通过讲故事来引入项目。

在指导“YOUNG·生”团队的过程中，他们把演讲稿的开头修改了至少有二十次，因为笔者看到的内容严肃有之、搞怪有之、完整有之，但是总是少了一些吸引人的地方。

他们最初是打算从现在年轻人的养生现状“啤酒泡枸杞，可乐放党参”，和养生痛点“年轻人常脱发、失眠等”来说起，开头可以这样做，但是无法吸引住已经看了几十个几百个项目的评委和观众。

讲故事的形式有很多种，“三创”赛并不局限我们的想象力，曾经在总决赛现场有人把钢琴搬上了台，只为了更好地展示这个项目是与音乐有关，这让人印象非常深刻；也有人通过拍摄一个小的纪录短片来记录其团队是如何将小小的念头发展成大大的项目的；还有团队通过上演一场小小的舞台剧来引入项目，让人眼前一亮。

评委和观众是有视觉疲劳的，听了几个小时的答辩都会觉得很疲惫。

因此，打造自己项目的故事感来引入非常重要，模板式的背景、现状、痛点需求会让大多数人感到麻木，很难产生代入感，那就无法对项目产生共鸣，无法深刻地体会到这个项目到底是如何巧妙地解决了问题。但很无奈的是，独特新颖的形式总是不多的，绝大多数的团队都采用 PPT 纯演讲的方式，因此从演讲稿的文字上去打造故事代入感就非常的重要了。

笔者对“YOUNG·生”团队说：“故事能激发听众的好奇心，启迪听众思维，调动起听众的想象力。演讲者在讲述故事时，用形象的语言，绘声绘色地讲述一个内容生动、情节抓人的精短故事，往往对于增添演讲的吸引力具有重要的作用。”

小顾很快说道：“您说得很有道理，我明白了，故事的内容是什么并不是最重要的，可以是生活中触目惊心的突发事件、人物传奇、历史典故等。”

队长笑着总结道：“一个好的故事可以使听众对故事的发展和人物命

运产生同情、关注、惊奇等心理变化，迅速地进入到演讲者演讲的主题框架中。”

笔者继续补充：“你们刚才说的都很有道理。不可否认，人人都喜欢听故事，即使是“三创”赛答辩现场这样严肃的场合，故事也总是蕴含着力量。”

最后“YOUNG · 生”结合了自己的项目历程，从队里小丘家乡的桃花的浪费开始说起，再讲到他们是怎么采集花瓣样本回到实验室一步步做实验，通过市场调研发现痛点，最后才发展有了项目的雏形这一过程。

“慧读慧写”团队一开始项目的引入，是讲述了目前语文教育市场小学生写作所面临的几大问题。这种直接剖析市场痛点的引入方式虽然直接但是也容易让人感到乏味。一个比赛场里，很可能出现与项目团队相似的产品，市场痛点也是大同小异，因此，直接用痛点剖析引入项目的想法被否定了。

“老师，在我创业的过程中，我的初中语文老师——郑老师对我的影响非常大，是我创业路上的指明灯，您觉得我们用我和郑老师的故事作为引入好吗？”大翔充满期待地等着回复。

“你思考的方向是对的，用自己亲历的故事进行引入会让评委有共情。但是你的初中语文老师和你的关系并不是强关联，讲述你们的故事，共情效果不是特别好，再想想还有没有别的引入故事呢？”

这时，一冰若有所思地说道：“老师，我觉得我们可以用我们五个人如何相遇的故事作为引入，一方面引入了项目，另一方面也起到介绍团队成员的作用”。

“一冰说得有道理，就像‘携程四君子’的相遇故事读起来就很吸引人。”婷睿补充道。

“好的，那我们朝着这个方面继续构思一个新的引入吧！”

这就很明显形成了新的故事，它们是“YOUNG · 生”和“慧读慧写”的故事，有自己的逻辑，而不是最开始版本的背景、现状、痛点需求，那说的不是他们团队，不是他们的项目，说的是一个事实、一个情况，是一个冷冰冰的模板，那样的演讲与直接去看行业研究报告又有何不同呢？当然，原来的模式也并非完全不可行，如果说项目本身的性质就是适合用原模式，那自然是用最适合的来讲，不能一言概之。

“老师，那怎样才能讲好我们自己的故事啊？”小顾问道。

“故事的形式大致可以分成两种，一种是发生在你们身上的真实故事，就像你们‘YOUNG·生’一样，你们为什么会产生这种想法——也就是创业初心、你们是怎么把这种想法变成现实的、你们的创业经历又是什么等；而第二种就是选择一个与你们项目有关的时事热点，利用评委老师们对时事热点的关注可以让你们在最短的时间内吸引到他们的注意力。”笔者回答道。

对第二种时事热点，可以从“探碳”项目的例子来说明。这一项目是内容做新材料的皮划艇。表面看这个项目并无故事可讲，只是很纯粹的技术专利。但他们最后展现给大家的，是通过一个新闻“皮划艇翻船事件”来进行引入，“你们能想象皮划艇里面坐的是自己的亲人吗？”这样一下就让听众们代入到了故事里，有了感同身受的痛心后悔，就会对这个项目产生关注和兴趣。

往届还有一组选手，他们的演讲直接以当地电视台对他们项目的采访开篇，借助记者与团队成员的问答来介绍项目，不仅新颖，而且相当震撼。这也是一个成功讲述自己团队故事的例子。

所以，讲自己的故事是第一步，让听众能够融入故事里有代入感，就是第二步。

2. 贯穿项目的落地性

如今2019年的第九届电子商务“三创”赛已经落幕了，比赛越来越成熟，比赛考察的侧重点在历年来的调整中日益稳定。就个人的观察和思考，笔者认为今后的“三创”赛会越来越看重每个团队将项目落到实处的能力，即项目的落地性。

“三创”指的是创新、创意和创业。随着时间的推移，现在比赛已经不仅仅需要项目的创新和创意了，创业也同样看重。很多到了总决赛的队伍，他们都已经建立了自己的公司，有了稳定的合作方，还有实实在在的订单销量、盈利利润等。

作为指导老师，笔者很欣慰看到作为大学生的参赛者们，已经可以做出属于自己的品牌，拥有自己的技术并且申请专利，做得出色的项目还解决了社会的一些痛点难题，为人们带来了更多的便利。

大学生创业，不仅仅是为自己寻找出路获得财富那么简单，更重要的是要对国家和社会的发展做出贡献。能帮助创业者扩大自己的企业，甚至让它冲出国门，走向世界。

回到此章节讲述的重点，“项目落地”是指的什么？这是指项目已经落到实处，开始执行了，它不仅仅停留在突然想到的一个想法、概念或好点子，而是将这些好点子一步步实现，市场调研做起来，产品制造出来，服务提供出来，营销宣传起来，合作商找起来，合同签起来，企业运营起来，等等。

每个人都能想到好的想法，好的点子，但这仅仅是第一步，要如何证明这个点子不是“空头支票”，那就得去执行、去落实、去调研。也许到市场上发放调查问卷后才发现，原来并不是大多数人都接纳这个点子或想法。

一步步进行市场实地调研、制造产品过程中讨论包装问题定价问题、找原材料供应商、建立公众号、研究推送如何做得吸引人、讨论如何扩大公司的知名度等，其实就是创业的过程。只要把这些经历、挫折、困难、成果、成就等都添加到演讲稿之中，把项目的落地性融入贯穿整个答辩展示，这样的项目展示出来就是实实在在正在落地的。

营销策略不能只是在 PPT 上进行模板化展示，如果只是把学到的理论知识向听众重述一遍，那就没有任何意义。更应该做的是把团队怎么在实践中应用理论的过程以及应用之后的成果展现出来。

以下为“YOUNG · 生”团队演讲稿最终版的关于营销方案的一部分。

“在每年七夕、春节等大型节日中，我们会针对节日主题定制产品，采用预售方式进行销售。如前段时间的七夕预售活动中，我们打造了以‘YOUNG爱相遇’为主题的七夕礼盒，鼓励年轻人勇敢示爱。活动获得了×盒的预售量，为公众号增加了×余粉丝量。”

“慧读慧写”团队在陈述自己项目落地性时，着重从年销售额、学员成果以及公众号运营的角度展开介绍。

销售额是一个项目是否盈利的重要反映，“慧读慧写”团队在介绍完项目背景后便介绍了自己的年销售额，好看的盈利数字会让评委对团队项目一下子充满信心。

学员成果是一个教育培训机构教学效果与教学质量的反映。“慧读慧写”在介绍完自己的项目优势后，便悉数了近年来小学员获得的成果，一方面证明团队前述的优势并非空言；另一方面，又能在评委心中树立起项目有良好口碑的印象。

公众号的运营是与电子商务所紧密结合的部分，它既是项目落地性的体现之一，也是项目的创新创意点的反映。公众号的功能键以及推送内容需要经过精心雕琢做出区别优势，阅读数、点赞量、转发数则是项目落地性的呈现。

当然，落地性成果部分的篇幅也需要把握好，若一直讲卖了多少产品，有多少订单，赚了多少利润，这也是行不通的。落地性重要，创新创意也很重要。具体的陈述比重应根据团队项目的特点决定。

若是一个项目既有创新创意，又有落地性的强有力证明，那么这也许就是能闯进总决赛的项目。

总言之，创新、创意、创业，三者缺一不可。

3. 如何讲述项目的核心优势

“你们项目这样讲的顺序不太行，为什么呢，因为按现在的顺序讲，讲完了产品的各个介绍，还不够吸引人，所以你们得把核心优势的顺序提前一些，给人一种眼前一亮的感觉。”笔者对“YOUNG·生”团队提出更换演讲内容顺序的建议。

“老师，请问您为什么觉得这样的顺序不够吸引人啊？”队员提出了疑问。

“因为相对别人来说，你们的产品并非全新的，而是在原有技术上进行了改进，而如果按照现在的顺序来介绍，会让听众听了很久都觉得这并不是什么创新的东西，讲出来的效果就不好了。”笔者补充道。

“YOUNG·生”团队产品的核心优势就在于他们的技术亮眼，改进了桃花精油的提取方法。倘若按照原本的介绍产品有哪些、各自的功效、产品包装、价格、制作工艺等顺序来介绍，会过于朴素平淡。

因此笔者建议他们在介绍产品的前便亮出自己的核心技术优势，用相对大一些的篇幅来侧重介绍优势，至于其余不太重要的别的方面可以浓缩精炼一些。

前一小节讲述了落地性的重要性，这一节则强调核心优势，下面简要讲讲如何讲述项目的核心优势。

关键在于需要找到自己的核心优势在哪儿。核心优势也可以被称为企业的核心竞争力，有以下四个识别标准：价值性、稀缺性、不可替代性、难以模仿性。

第一是价值性，价值性要求项目首先得很好地实现顾客所看重的价值。顾客想要的是什么？想要的无非是产品高质量、低价格、性价比高，企业能提供质量、效率更高的服务，总言之就是能给顾客带来更好的用户体验，创造更多顾客看重的价值，从而给企业带来竞争优势。

第二是稀缺性，即核心竞争力必须是稀缺的，只有少数的企业可以拥有的。也就是说企业所具备的这种竞争力是其他企业不具备的。比如自身原材料的价格很低，如果调查得知市场上只有几家企业可以拿得到这么低的价格，那这个便有可能可以作为自己企业的核心竞争力之一。

第三是不可替代性，即市场上的竞争对手没有办法生产别的产品或提供别的服务来替代它，这种能力在为顾客创造价值的过程中具有不可替代的作用。

第四是难以模仿性，核心竞争力必须是竞争对手难以模仿的。也就是说这种能力并非是像材料、机器设备等可以在市场上购买得到的，而是难以模仿的。这种难以模仿的能力可以给企业带来超过平均水平的利润。

以苹果手机为例，它有一个能力是目前其他品牌的手机暂时难以超越的，那就是它的 ios 操作系统非常流畅，这可以说是苹果手机的核心竞争力之一。

首先这种核心竞争力满足了用户对手机的价值需求，系统流畅，使用不卡顿，用户体验好。其次，就目前而言，暂时只有少数品牌的手机可以做到手机系统在使用几年之后都很少卡顿。

再者，对多数人来说，手机系统流畅是用户在使用手机时无法通过别的方面的能力来替代的。最后对于难以模仿性，ios 操作系统目前来说的确是竞争对手难以模仿的。

令人充满希望的是,中国华为手机目前正在研发自己的鸿蒙操作系统，相信在未来国产手机很快也能拥有属于自己的手机操作系统方面的优势。同时就华为手机 p30 系列来说，它的拍照功能已经做得非常强大，这逐渐成为华为手机的核心竞争力之一。

在进行竞争分析的时候，可以从产品的功能、包装、技术、营销、成本，还有企业的商业模式、团队等方面来分析。

而在写演讲稿的时候，也需要注意像“YOUNG · 生”团队的演讲顺序问题，不同团队可以根据自己项目的特点来灵活变动内容的顺序，把听众的感受考虑进去，权衡利弊。

比如“慧读慧写”团队在讲述自己的核心优势时，面临着产品较为抽象的难题。

“老师，我们的项目的教学核心优势不是具体的产品，该怎样表述才好呢？”大翔十分疑惑。

“我觉得你们可以把教学过程体现出来。在听你们谈起项目时，我觉得教学过程中的互动性非常吸引我。”笔者提出了建议。

“我们要不把教学过程分为课上和课后进行讲解。课上教学部分我们用视频进行展示，更有画面感。课后阅读学习我们再通过文字讲解，把这个核心中的核心优势展现出来。”一冰提议道。

“在这里面，大家还可以将课程的价格进行介绍，和教学过程紧密结合也不会显得突兀。”笔者补充道。

项目的核心竞争力需要重点讲述，评委老师会十分看重这一点，参赛团队一定要多多思考和发展自己项目的核心竞争力，如果在讲的时候不够清晰或者不全面，评委老师很有可能会在提问环节进行提问，所以一定要提前准备，在队里最好有人专门负责对这个问题进行回答。

4. 其他补充内容

除上述内容外，还有几点需要在准备讲稿的时候注意。

首先演讲稿在写作的过程中，最好要先口述出来再落实笔端。说话和文字终究是不同的，有很多字句写起来很文雅，但是说起来就是不顺口。

“我们在那看到大片大片的桃花在飞舞，香气扑鼻，与周围的破旧贫困格格不入，在脏乱差中却又夹杂着环境的美丽与宁静，我们享受着这里舒适惬意的生活节奏，却又焦虑着城市中的慌乱无力。”

这是曾经“YOUNG・生”团队稿件中的一段，笔者猜测他们在写时还没练习读过。

“这样的引入也太长了，诗意是诗意，但没有重点，讲了太多无关的东西。你们自己回头念一下稿子试试就知道有什么问题了。”

在笔者给出建议后，他们当场把稿子念了一遍。

“老师，我们明白了，稿子的纯写作和答辩的演讲还是有区别的。写出来感觉很好，讲出来效果却变了个味。”

所以在大家写演讲稿的过程中，一定要有自己的思路，最好先口述再写，要把写出的内容反复读几遍，看看是不是自己想要的效果，如果不是，再进行相应的修改。

其次是关于落地性的问题。在过去的比赛中存在这样的现象，有些队伍明明没有实际运营过，只是纸上谈兵，但是却希望通过一些小伎俩来蒙混过关。要知道评委老师们可是火眼金睛，他们肯定会在提问环节询问一些没有实际运营过的人不知道的东西，因此，请不要在老师们面前卖弄小伎俩。

再次是关于演讲稿中套路的问题，前文提到演讲稿一般都会写到项目背景、产品与服务、营销模式、运营模式、盈利模式、竞争分析、成果、团队、未来发展等方面。但在写演讲稿的时候，并不是要追求以上内容面面俱到，要注意篇幅，突出重点，有所取舍，面面俱到也意味着没有重点，没有特色。比如企业的营销模式、运营模式、盈利模式、商业模式、团队、未来发展这些内容，大多数项目都是大同小异的，不必过多陈述。

陈述环节共有八分钟，一般到了最后两三分钟时，评委老师们都会感到有些疲惫了，如果此时还在讲述这些不能体现自己项目特色的内容，那其实就是在浪费时间。

参赛队伍要学会用较多的篇幅来讲解项目中的重点和特色，对于不太重要的部分，不能体现项目特色的部分，甚至可以删去不讲，或者直接以一两句话一带而过即可。

从某种程度上可以这么说，该讲稿中哪处的字数多，哪处就是演讲过程中需要重点强调的地方。而字数少的地方，就是可以在演讲时候一带而过的。

最后，要知道项目团队演讲稿都不是一蹴而就的，而是经过千锤百炼的。从校赛起，演讲稿就得一遍一遍地更新，做到精益求精。“慧读慧写”团队的演讲稿前前后后进行了百余遍的修改，团队成员们有时会为了引入故事抠破脑袋，有时会推翻全部内容重新写到深夜，直到国赛开始前 4 天才修改出最终版本。经过多次修改完善后的演讲稿才是一个项目团队的精华，才能在宝贵的八分钟里使项目绽放光彩。

在这里有一个小技巧，可以把一段文字对应着答辩 PPT 的一页，写完一段文字，这段文字的内容就对应了 PPT 中演讲的一页，接着就可以写下一段了。这样写可以较好地把握 PPT 的页数，也可以把握在演讲中停留在这一页 PPT 的时间。

停留一页 PPT 的时间不能过长，过长会让人产生视觉和听觉上的疲劳，也不能因过短而导致频繁翻页，那样会让人感觉讲得太快，来不及理解。如果不知道怎么把握，那就多向身边的同学讲一讲，让他们将听后感受反馈出来，那自然就可以知道该如何去修改了。

二、制作答辩 PPT

PPT 中的每张幻灯片都是既相互独立又相互联系的内容。利用它可以更加生动直观地表达演讲的内容，图表和文字都可以清晰、快速地呈现出来。还可以插入图画、动画、备注和讲义等丰富的内容。

简单来说，PPT 就是用来辅助演讲的。试想一下，使用纯文字的演说，和使用图文并茂的 PPT 来演讲，哪个效果会更好呢？自然是后者。因为人都是视觉动物，采用图片可以刺激人的大脑接收得到更多的信息，让大脑能够更好地理解演讲者想表达的内容。再者，PPT 上概括式的内容可以展示演讲的思路，让听众在大脑中也形成一个完整的项目思路。而且，好的 PPT 制作和现场演讲能够给项目加分，将项目原本是平面的八分，塑造成立体的十分，更甚者还能够加分到十二分。

PPT 是一种具有艺术美感的表现形式，其原则就是：清晰、简洁和视觉化。如果在 PPT 上罗列太多，就显得烦琐；反之，就显得太干瘪而不够丰满。如何把握中间的这个度，正是参赛者们需要学习的地方。

具体来说，PPT 制作要注意以下几个要点。

1. 制作软件选择

第一个要注意的点是用什么来制作，现在大家用的PPT一般来说是使用Office的PowerPoint或者WPS演示等来制作的，追求极致完美的团队甚至会到市面上找专业的团队来制作答辩PPT。

至于是否找专业团队来制作答辩PPT，应该根据各自团队的需求决定。若是队伍内每一个人都不擅长制作PPT，那考虑寻找专业团队来制作也未尝不可。不过也可以借这个机会来锻炼提升自己的PPT制作能力，毕竟这可以说是一项必备的基本技能。不管是平时上课偶尔的作业展示，还是比赛答辩、毕业答辩，再到以后职场的各种报告的汇报，能制作好看并且有用的PPT都是一项十分重要的能力。

至于到底是采用Office还是WPS来做PPT，通常来说没有太大区别，二者都可以使用。具体答辩时会使用什么软件，官方会在比赛前及时地通知到大家，团队多多关注这种细节的消息即可。

在这里也提醒参赛团队在比赛答辩时需要注意PPT版本的问题。

去到比赛现场的时候，一定要提前到答辩地点试一试PPT能否顺畅地播放，其中的字体、文字内容、图片、视频等是能否顺利地展示。如果不能，一定要在当天及时更改过来。

到达赛场前也可保存多几个不同PPT版本的文件，到现场尝试时哪个适合就采用哪个版本参赛。像“YOUNG·生”团队在省赛前一天去现场试播，就出现了PPT里的视频无法播放的问题。这是一个现场答辩时常见的问题，但这个问题是可以通过提前做好充分的准备来解决的。

“别着急，现在我们要做的是找到视频无法播放的问题出在哪里，再将它改过来。现在还有时间改，都行动起来找找问题吧。”队长安慰焦虑的大家道。

经过不断地尝试，他们最终发现是版本无法兼容的问题，并在现场关闭前把视频无法播放的问题解决了。

同样的问题，在“慧读慧写”团队身上也发生过。国赛初赛的前一天，成员们到比赛场地去拷贝 PPT，但发现其中的一些“炫酷”动画无法显示，PPT 播放卡顿，极其影响效果。当晚，“慧读慧写”团队成员绞尽脑汁，将已有的 PPT 转化成为多个版本，第二天一早，及时将新版 PPT 拷贝至答辩场地。

经过一番波折，“慧读慧写”和“YOUNG·生”的成员们也都知道了凡事都要提前做好充分的准备，才能有能力去应对各种突发情况。

其实不仅仅是一场比赛的答辩，今后面对社会的工作面试，或是进行工作总结汇报，都应该做好充足的准备与各种预案。

2. 列提纲

接下来是制作 PPT 的第一步，列提纲。

提纲就是把演讲稿内容中的提纲相应地列到 PPT 里面，划分好 PPT 的各个模块。比如封面是第一页，项目背景是第一个大模块的名称，项目再引出过渡页，进入产品与服务模块、营销策略模块、运营模式模块等。

按照演讲稿把以上的内容放到 PPT 中后，做出一个个空白的只有标题的大页面，完成这一步之后，PPT 的基本脉络和思路就呈现出来了。

接下来就可以顺理成章地继续做下去，如果采用做一步再看一步的方式，很可能会导致遗漏某些模块或者想要讲述的内容。

此外，PPT 的导航栏非常有用，能让评委或是听众始终明了讲述人的逻辑思维，不至于因答辩的冗长和复杂而在逻辑上“跟丢”。所谓导航栏就是网页中最上方或者最下方的那一栏文字，不管页面内容是什么，“导航栏”都始终存在。

这里有一种在答辩 PPT 时能帮助听众吸收和理解的展示方法——每一个大模块开始前都用一页 PPT 来展示所有模块，如产品特色、营销模式、商业模式等，再对即将讲解的板块进行着重强调，让听众明白演讲者的思路，从而牢牢抓紧听众的注意力。这里以“慧读慧写”团队 PPT 为例，为大家进行详细解说。

图 10-1 为“慧读慧写”团队路演的五大模块一览。这在平时的课堂汇报、项目答辩中也常被使用，相信大家并不陌生。最重要的，是之后如何“锁”住听众思路。

图 10-1 “慧读慧写”团队 PPT 展示模块一览

图 10-2 展示的就是“慧读慧写”团队介绍产品与服务五大特点时的水平导航栏。从中可以看出，讲解到哪一个特点，该特点就会突出显示，然而其他特点也均在页面上，从而时刻给听众以直观、清晰的视角。

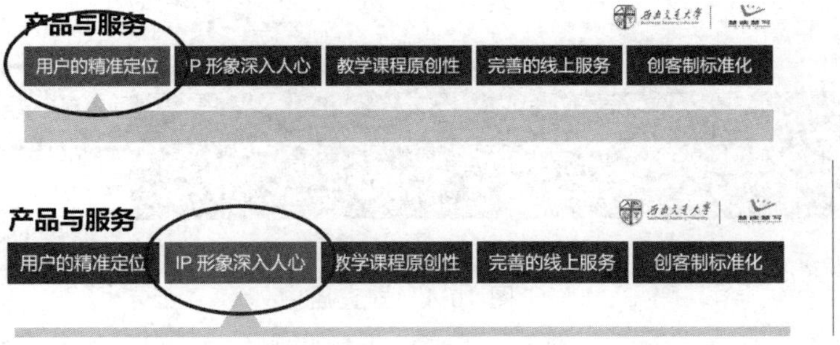

图 10-2 “慧读慧写”团队 PPT 导航栏-水平型

当然，导航栏的位置既可以放在页面最上端，也可以放在页面的左侧或右侧，如图 10-3 所示。

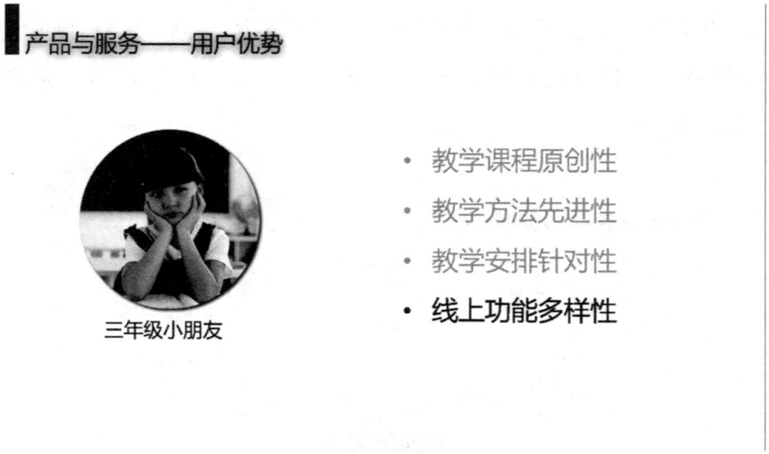

图 10-3 “慧读慧写”团队 PPT 导航栏-竖直型

在 PPT 中还有一些常常用到的非常实用的功能。

（1）功能 1【对齐】：如图 10-4，拖动鼠标选中四个文本框，依次点击【绘图工具[格式]】-【对齐】-【垂直居中】。执行该操作之后，四个文本框将自动对齐在统一水平线上，同理如果是竖直型的导航栏，则选择【水平居中】。

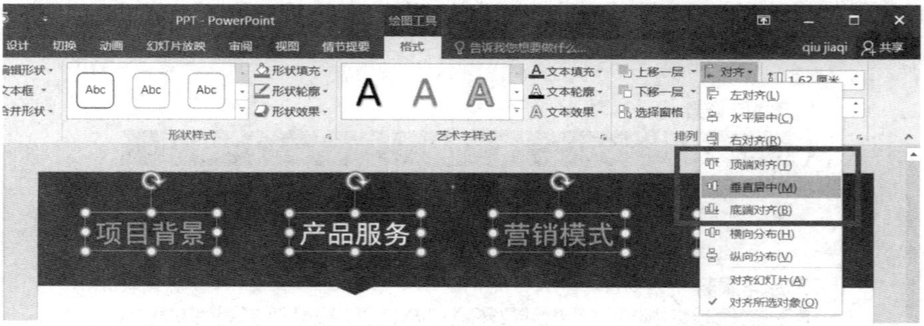

图 10-4 垂直居中

如图 10-5，点击【绘图工具[格式]】-【对齐】-【横向分布】，可以使文本框的间距在水平方向上均匀分布，在完成这图 10-4 和图 10-5 这两个步骤之后，文本框在视觉上便会变得十分整齐，让人看着非常舒服。同理，竖直型导航栏则选择【纵向分布】。

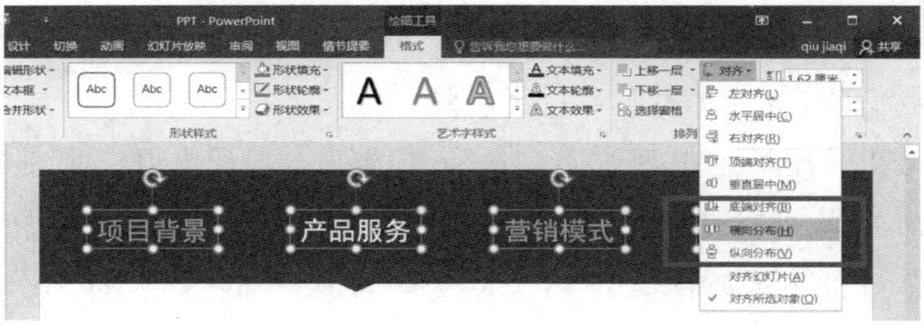

图 10-5　横向分布

（2）功能 2【组合】：如图 10-6，点击【绘图工具[格式]】-【组合】-【组合】，图 10-7 是组合后的效果。当选择了将这四个文本框组合，它们便变成了一个整体的文本框，无论如何操作，它将作为一个整体文本框进行变动。若想取消组合，则点击【绘图工具[格式]】-【组合】-【取消组合】。

这个功能也同样非常实用，可以将文本框和图片组合在一起，会避免很多需要分别操作的烦琐步骤。

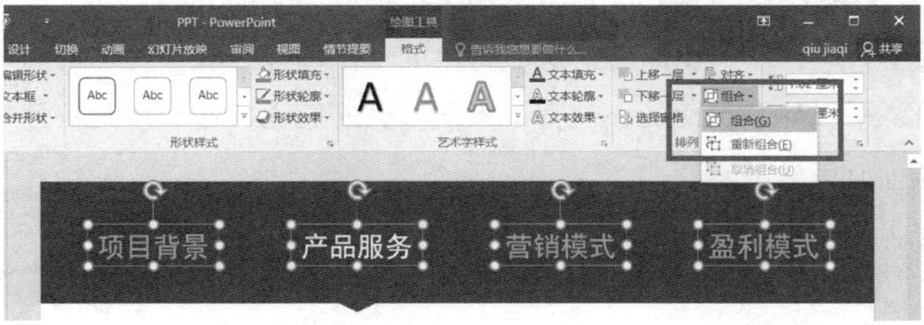

图 10-6　组合前

图 10-7　组合后

3. 页面布局

在列好提纲之后，需要往每个空白的页面中填充内容。这里可以先把相对应的演讲稿中的要点加入幻灯片中，但绝对不能够把演讲稿整个复制进去，那样的在视觉上看会显得非常拥挤。

在比赛的现场也出现过不少队伍的演讲人表现很好，但是 PPT 视觉效果却欠佳，就是因为文字过于密集且字号太小，使人感到局促而不够大气。所以一定要把握好 PPT 里文字的数量和排版，过多会缺乏重点，过少又显得空旷。

大家可以通过加粗字体，或者修改字体颜色为红色等醒目颜色来突出强调重点，同时也可以运用一些图形进行强调。这一点可以通过参考优秀的 PPT 来学习。

页面的构图布局形式也可参考优秀 PPT 的布局形式，学习如何做到把图片与文字巧妙地结合在一起。经典的版式有三分型、四分型、时间轴型、图文混排型等，还可以巧妙结合统计图表来布局。页面的构图最好不要过多重复，否则会让人感觉乏味。

“慧读慧写”项目的 PPT 中采用了一定的动态的方式，在页面的下方有一个由书本构成的拱形桥，拱形桥里的书本图片是在不停地流动的，这让看惯了平面静态页面的人们有了眼前一亮的感觉，这样颇具特色与创意的布局也值得学习参考。

4. 颜色与字体

答辩 PPT 主题基调的颜色，最好统一使用一个色系。颜色出现过多会给人造成视觉上的不适应，让人产生一种“杂乱”的感觉。颜色的选择推荐大家采用学校校徽的色彩，使用与校徽一致的色系可以体现对母校的归属感。

最简单的做法就是使用软件中的取色器，如图 10-8 所示。方法是首先选中想要选取的颜色的图片，然后点击【开始】-【字体颜色】-【取色器】，这样便可以获得想要的颜色了。

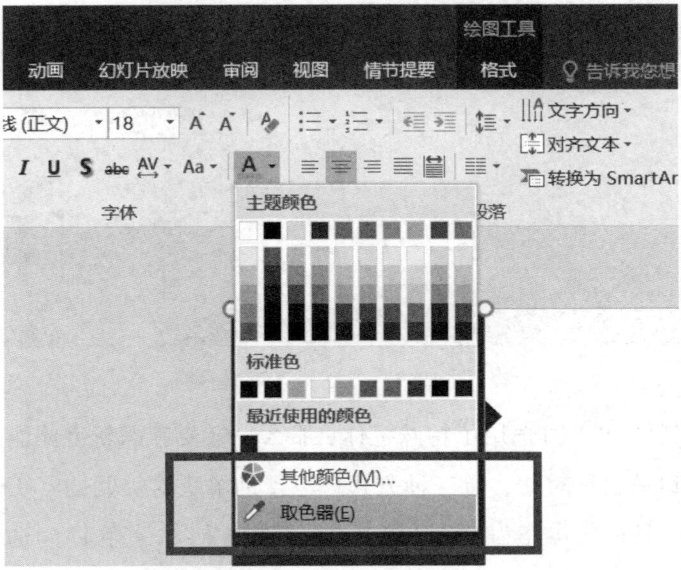

图 10-8　取色器

至于 PPT 中字体颜色的选择，推荐大家采用深色作底色，浅色作字体颜色，这样的效果会使得字体较为突出。因为每一个比赛现场的显示屏屏幕的亮度和当时环境的亮度都不一定是理想的状态，所以最好的办法就是让字体变得更突出，这样不管是在什么环境下，都能保证听众们可以看清楚 PPT 上的字。

字体的选择，首先推荐的是万能的微软雅黑、黑体等比较常见的而且识别度较高的字体,这样可以免去嵌入字体或打包字体到答辩设备的麻烦。同时，最好也不要选择过于花哨或者潦草的字体，以免对评委老师们造成干扰。

不过，有心的团队也可以根据演讲主题有选择性地挑选字体。例如，“慧读慧写”团队的产品是专门针对二至六年级小学生，他们在答辩时就专门选择了偏可爱俏皮的“方正稚艺”字体，符合产品目标对象的年纪特点，如图 10-9 所示。

图 10-9　方正稚艺字体

如果制作 PPT 时选用了特殊字体，那么一定要考虑新字体能否在正式比赛中顺利呈现。对此，有三种方式可以帮助解决这类问题：① 方法一，嵌入字体。具体的操作为出击【开始】-【选项】-【保存】-勾选【将字体嵌入文件】即可。② 方法二，可以将每一个文本框都进行矢量化。具体操作为【单击右键】-【设计文字格式】-【设计工具】-【矢量】-【矢量化】。③ 方法三，将字体安装包和 PPT 一块拷贝至设备上。

字体的大小建议最小不要小于 14 磅，以免让人看起来吃力。

5. 其他细节

细节往往决定成败，如果在 PPT 中对小细节处理到位，便可以让整体看上去更加协调与完美，具体可以注意以下细节。

第一，注意 PPT 中图片的清晰度，如果展示的图片一片昏暗，或者模糊到评委们根本看不清，即使图片内容很好，评委们也不得不给出减分。

第二，PPT 中不要出现太多的切换和动画效果，如果一定要有，最好把速度调快一些，过多的切换会造成演讲中的时间拖延与浪费，而且若是过多动画造成电脑卡顿，则会造成更大的损失。

第三，封面页、过渡页、标签页、结尾页等关键页面的制作可以精美一些。所谓好的开始是成功的一半，一个令人眼前一亮的封面可以让评委们从审美疲劳中“苏醒”过来。

第四，一定要注意 PPT 的兼容问题，提前到现场进行调试。除了多保存几个版本以外，还可以导出一份 PDF 图片版的 PPT 以防万一。

第五，多用图片和表格。一张图表可以抵得上千言万语，更具有视觉冲击力。建议在 PPT 中交叉使用和项目相关的图片或者统计表格，比如在项目落地时采集的各种素材照片都可以用上。

最后，尽可能少出现纯文本的页面，建议纯文本页面的文字部分不要超过 6 行，每行都以简明准确的文字来进行描述。

同时，想要做出好的 PPT，要靠不断的实践与积累，因此一定要多多实践练习 PPT 的制作，

希望想要参加“三创”赛的同学们可以通过参加比赛来收获一些东西，在比赛中能解决自己的一些疑惑，进一步看清自己前方的道路该怎么走，而不仅仅是为了比赛而比赛。

未来的社会肯定对复合型人才的需求越来越大，掌握的知识、技能越多，越能使自己立于不败之地。希望参赛者能够从“三创”赛中收获得到的不仅仅是奖项，更重要的是收获到强大的自学能力、为人处世的态度以及良好的价值观。

三、现场答辩

在 2019 年的电子商务”三创”赛中，笔者和进入决赛的两支队伍——“YOUNG · 生”和慧读慧写的成员们，为现场答辩都做了精心准备。

“你们的 PPT 已经做得很不错了，回去之后多多练习答辩吧。”看着“YOUNG · 生”孩子们最后完成的 PPT，笔者欣慰地对他们说。

“太好了！我们的 PPT 终于做完了！”他们抑制不住自己的开心。

“你们也别高兴得太早了，真正的战役才刚刚开始，现场发挥还有回答

问题才是最终决定成败的环节。”笔者略带担忧地对他们说。

“好的！我们会坚持下去的！我们一定会全力以赴的！”

“YOUNG·生”和“慧读慧写”的成员们都为现场答辩投入了整个暑假的时间，尽全力准备8月底的现场答辩。

在暑假中，他们每天对自己的答辩稿、PPT进行完善。在7月初的第一次预练中，笔者在台下听完他们的答辩稿，给出了意见：“你们的演讲稿给人的感觉比较空洞，比如你说你们的优势，但没有将你们具体的数据罗列出来，没有说服力；演讲稿中喊口号的地方较多，虽然有气势，但细品无具体的内容。”

在PPT部分，他们也做出了大幅修改。在7月初的第一次预练中，他们的PPT运用了很多动画、特效，内容与他们的答辩稿基本一致。但过多的动画、特效，与空洞的文字结合，反而有喧宾夺主之感；虽内容做到了答辩稿与PPT的内容一致，但由于答辩稿存在以上需要改进的地方，PPT也应做出相应的修改；最初的PPT风格比较偏向于商业极简风，但由于“慧读慧写”是一个有灵气的教育品牌，因此笔者建议他们将PPT的风格更改为卡通活泼风。

“YOUNG·生”和“慧读慧写”的成员们都十分刻苦，他们每天都聚在一起，对他们的策划书、答辩稿、PPT进行反复斟酌。笔者也几乎每天都跟他们在一起沟通、交流，聆听他们的答辩，对他们的优势进行肯定，并提出自己的建议。

在做完漫长的前期准备，终于要走到最后的赛场了。而这最后的环节——现场答辩，才是总决赛的重头戏。所有的努力，写策划书、写演讲稿、做PPT等，一切都得拿到最后的现场来进行比拼。

第九届电子商务“三创”赛的现场答辩的规则里面有几点需要注意。总决赛的赛程被分为分组赛与终极PK赛，第九届的总决赛是在西安交通大学进行的。比赛流程是8月21日先进行分组赛，然后挑选出12支队伍晋级进入第二天的终极PK赛。

在分组赛的答辩要求里，各个参赛队伍得在答辩前准备5份打印版项目策划书，排版不做统一要求，以方便阅读为主。由此可以看出总决赛答辩的评委更偏向看到的是方便阅读、一目了然的策划书。

所以建议参赛队伍在修改总决赛答辩版本的策划书时，可以做出一个摘要表格放在开头，内容包括但不限于项目名称、项目概述、项目简介，用较为精练的语言来概括整个项目，让评委们可以在看到这张表格的时候，便能够明白整个项目的大致情况。

分组赛采用封闭答辩形式，每队选手的时间为15分钟，分为陈述和问答环节。在陈述环节中，参赛选手以PPT为蓝本，对自己的成果进行陈述，陈述时间为8分钟；而在问答环节中，评委老师则会对选手进行提问，选手回答，问答时间为7分钟。

比赛的计时是非常严格的，一旦到了陈述指定时间便必须要停止陈述，因此各参赛队伍一定要进行充分的准备，多多训练，把每次训练都当作是决赛的现场，计算和把握准时间。

下面分别从前期准备、陈述环节和回答问题三个方面来介绍需要注意的事项。

1. 演讲的前期准备

（1）演讲形式的选择。

“三创”赛对答辩的陈述方式并不做硬性要求，各队伍可以根据项目灵活选择。最常见的就是团队派出一位演讲者来专门负责全程的演讲，而其他成员在一旁站立。选择这样的形式不会出错，只是比较中规中矩而已。

进入决赛的队伍都是各个赛区的精英队伍，采取的演讲形式也可以说是五花八门，精彩纷呈。前文提到过的有话剧形式、音乐表演的形式、播放视频等。采取特别的演讲方式可以让评委和观众们产生新鲜感，从而吸引他们的注意力，让他们对项目产生兴趣。

另外，也有不少队伍采取多人演讲的形式。比如有一男一女搭配来讲解的，当听累了一个人讲的时候，另一人接替演讲，也是一种不错的选择。也有队伍采用三位女生一起讲述的形式，效果也不错。

但要注意人数在 2 ~ 3 人就足够了，过多的人讲解，可能会给人一种十分混乱的感觉。可以按照各自负责熟悉的部分来分工，每位演讲者只讲自己熟悉的部分可以让演讲较为流畅，个人的发挥也更加自信和自如。

除了各自要练好自己部分的演讲外，演讲者之间的配合也十分重要。在演讲者之间进行衔接的时候，可能也会造成一定的时间浪费，只有通过不断练习熟悉，才能尽量减少时间的损失。尤其是在衔接的时候，下一位演讲者要做好充分的心理准备，不要等到自己演讲的时候，一开口就颤抖，那样会让原本流畅的听感突然中断，给人割裂感，打断人的思绪和情感。

不管是哪种形式的演讲，都需要做好充分的练习和准备，设想好各种可能出现的突发情况，如交接话筒时突然没声了怎么办？上场表演用到的乐器、工具坏掉了怎么办？准备的 PPT 与现场不同怎么办？准备的 PPT 同比赛场地提供的 PPT 相比版本过高，导致字体、特效、动画无法正常展示出来怎么办？准备好的视频无法播放怎么办？把这些突发情况考虑进去，做好预案，才能更从容应对。

（2）团队的着装与状态。

很多团队都会选择在答辩的时候穿着正装，这样当然无可厚非。但还是那句话，如何才能脱颖而出呢？选择正装是不会出错的，但却没有亮点。而且即使是正装，团队成员也应当要统一正装的款式，鞋子最好也要统一，做到干净整洁的统一着装。

除了正装以外，每支队伍还可以结合自己的项目性质来选择着装。比如曾有过一个关于汉服文化的项目，他们团队的全体成员都穿上了自己项目设计的汉服，不仅展示了好看的服装，也让人眼前一亮，印象深刻。

曾经指导的“明星之旅”项目的团队成员就利用了一些项目中的装饰，比如代表粉丝的手环、臂贴等，然后再搭配一些潮流服装，营造追星者时尚有生机的感觉，但是要注意服装也不能过于活泼、过于年轻化，否则就会显得不太庄重。

总而言之，不管是选择正装还是自己设计的队服，或是其他的装饰，最好都要做到统一，同时还要考虑到答辩现场的严肃性。

用生机活力的精神面貌来面对评委老师，这是答辩最基本的要求之一，任何队伍都应该要做到这一点。所以在比赛前一天晚上一定要避免熬夜甚至通宵，以免第二天精神不振，甚至打起瞌睡，给评委老师留下不好的印象。

曾经还有一位答辩人由于在比赛的前一天十分紧张，就反复背诵演讲稿，导致喉咙受损，严重影响了正式比赛的发挥。

休息时候就要养精蓄锐，这样正式比赛时才能更好地发挥。

（3）多多练习。

演讲者在上场前一定熟记演讲稿，虽不至于达到倒背如流的程度，但一定要做到随机抽查某个段落也能脱稿背诵的地步，最好做到身体产生肌肉记忆。在练习的时候一定要同时进行排练计时，这里可以借用 PPT 里面的排练计时，如图 10-10，点击【幻灯片放映】-【排练计时】即可使用。

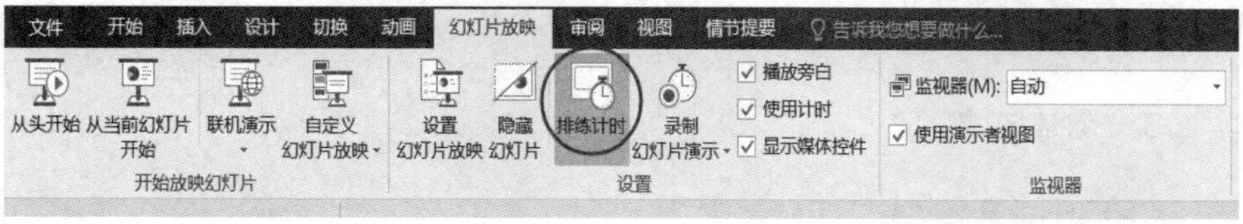

图 10-10　排练计时

一定要把每一次的练习都当作是真实的现场答辩，用最认真的态度来对待。在练习的时候也要同时注意肢体语言的表达，在演讲时要用到的肢体语言也要熟练，这样在上场的时候才不会因为怯场而身体僵硬不敢动弹。还是那句话，熟能生巧，练习到自己产生了肌肉记忆，也就是大脑不需要思考就能够顺利把稿子背完，把肢体语言表达成功就算到位了。

在练习的时候还需要注意一个问题，PPT 是由演讲者自己来操控还是由队友来协助操作，这一点需要事先协调好。如果是和队友配合的，那就得多和队友练习，让他熟悉演讲的内容以及节奏，才能和演讲者配合。如果是演讲者自己操作 PPT，那得在比赛前去现场了解清楚是否会有 PPT 翻页笔之类的工具，在现场多演练几遍，使用一下鼠标或翻页笔来熟悉操作。

在这里要给演讲者们一个小的建议：除了要在队友面前多多练习演讲外，也可以去找身边的同学、室友，甚至是老师，在他们的面前进行演讲。只有当能够做到在任何一个陌生人面前都不慌不忙地演讲，镇定自如地发挥的时候，才能离成功更近一步。

同时，除了向他们演示演讲以外，还可以询问这些听众的感受，他们在听演讲的时候会觉得无聊吗，还是觉得有趣很吸引人？为什么无聊，哪里又是比较有趣的呢？有什么地方是听不懂的，哪些地方是有问题的，哪些地方觉得是没有必要的？这些问题都可以去询问听众，虚心地听取他们的看法和建议，然后相应地来改进自己的演讲，反复打磨各个细节。

正所谓“三人行必有我师焉”，每个团队也可以多去听听别的团队是怎么讲的，他们哪里讲得好？哪里讲得不好？有什么方式是自己可以借鉴参考的？有哪些错误是不应该犯的？取长补短，查漏补缺，不断反思，不断进步。

2. 陈述环节

（1）时间掌控。

在陈述环节里面，首先要注意的就是对时间的把控，这是比赛评分的中一个方面。在点击放映幻灯片的时候可以直接选择排练计时，这样在屏幕上也可以看到时间，以使该讲者心里有数。

在“三创”赛的决赛环节，每支队伍拥有 8 分钟的演示时间和 7 分钟的答辩时间。在 8 分钟的答辩时间中，如果最后一页 PPT 为表示对老师的感谢，那么在还剩最后一页 PPT 时，将时间控制在 7 分 50 秒是比较合适的。

现场答辩的氛围和节奏与平时练习的时候还是有些许差别的。如果演讲者关注到时间有点不足了，而自己后面要讲的部分还有很多，那就得适当地加快演讲的速度，在相对不是重点的地方速度快一些，时间实在来不及的话，那就跳过一两个没有必要讲的套话内容，务必保证在规定的时间内完成整个演讲，确保演讲有头有尾，给评委们留下一个好印象。

大家在前期准备的时候，最好将演讲中不重要的内容都放到最后，那样即使时间不足，跳过不讲也不会造成太大的影响。再者，在练习演讲的时候，就应该清楚时间只剩一分钟的时候，讲到的地方大概是哪里。那样在现场看到工作人员提醒只剩一分钟的时候，就可以灵活调整最后演讲的内容和语速了。

（2）注意仪态。

在上场前，每支队伍就应该要讨论好在台上的站位，谁来站在中心位置，由谁负责递交策划书、宣传材料等，这些都要事先讨论决定好。

在队里演讲的同学讲解时，其他成员应当安静地站在一边，不要东张西望或侧头跟其他人窃窃私语，应该要认真仔细地倾听队友的演讲。如果队友讲错了，稍后在回答问题的时候还可以进行补救。因为在台下，评委们是能将台上的情形看得一清二楚的，任何小动作都可能会被评委看到。

而演讲的同学应该要站在屏幕的左下方或者右下方，尽量避免遮挡住他人的视线。站姿要端正，落落大方有自信，展示良好的精神面貌。这里要注意在演讲结束要回答问题的时候，不要站得离评委过近。因为评委老师们始终是坐着的，站得过近，会让人有一种压抑感。所以在正式答辩前，可以自行在评委的座位上模拟一下，让其他队员测试出能让评委们感到最舒适的站位。

演讲的同学在演讲时目光最好跟评委们有所互动，但要注意目光不要游离过快或者一直盯着某一位评委。目光游离过快或者完全不跟评委互动，可能会让他们感觉演讲者不够自信；而一直盯着人讲到会造成压迫感，会让人有想逃离视线的冲动。

演讲者声音的音量、语调、语速、节奏等也是需要多多练习的，讲到重点要强调的地方可以适当地加强语气，并且配合一定的肢体语言。

（3）平衡心态。

演讲者应该要保持平稳的心态，用平常心来对待这场演讲，毕竟之前已经练习了无数遍，上场时可以把评委当作是平常练习时的听众，拿出平常练习的状态，无须过分紧张。

要注意，演讲的开头和结尾都很重要，开头给人直观的印象分，结尾是给演讲做一个句号。不管是开头还是结尾，都需要注意保持心态平稳。开头开好了，后面就能娓娓过来了。结尾要是没结好，可能还会影响之后回答问题的环节。所以千万别快到结尾就松懈了。

“YOUNG · 生，给年轻人的生活多一个更美好的选择。”

这是“YOUNG · 生”的结束词。在有一次练习演讲时，主讲人就出现了失误，结尾讲错了。下台后主讲人家琪一脸懊悔。

家琪说：“老师，对不起，我讲到最后的时候就觉得快解放了，一下子脑袋就空了，想不起来我要讲什么了。”

“没关系，这是你的收获，你在练习的时候发现了这个问题，那就吸取这次的教训，下次谨记任何时候都不能掉以轻心，要坚持到最后。加油！”

8 月初期的一次排练中，在看完“慧读慧写”团队的答辩后，笔者指出了他们的相较于上次答辩的优势，并提出了他们答辩中仍存在的不成熟的地方。“慧读慧写”的成员们和笔者积极交流、沟通后，希望再进行一次预演。

或许是正式的答辩即将来临，在听到自己的答辩仍不成熟后，“慧读慧写”团队的队长大翔似乎有些慌张，在第二次的答辩中，没有发挥出他以往答辩的激情，展现出他应有的自信。

在答辩完后，大翔就说：“苗苗老师，不好意思。我们还没有准备好。”

笔者笑了笑，鼓励他们道：“不用担心，你们已经做得很好了。老师只是希望你们能将你们的全部实力展现出来，所以才这么严格，这样才不辜负我们从3月份一直到现在，所度过的时光，所付出的心血。”

所有的自信都来源于足够的磨砺，只有更多的练习、付出，才能有所收获。

3. 回答问题环节

（1）分工作答。

在回答问题环节，参赛队伍一定要提前准好各类问题的答案，提前想好该怎么回答。可以将问题按以下三个板块进行划分，分别由专人来负责各自板块的问题回答。千万不要互相抢答。

第一是技术方面，项目中技术实现的问题就交由队里负责技术的成员来回答。技术成员一定要把网站、App、公众号等制作的流程和使用的工具等熟记在心。在答辩时被问到这类问题便由他来专门负责应答，其他成员尽量不要过多进行补充，以免画蛇添足。

第二是财务方面，专业的财务成员也是团队必备的。负责财务的成员对于财务报表中的数据，在项目的具体实施过程中的资金流动情况，企业的营业收入，成本，利润等情况都要了然于心。

第三是运营营销方面，这里要准备好关于店铺的客户流量、活跃的粉丝、潜在的客户量等问题的回答。需要回答的内容就是不同的营销方案的成果，比如说双十一的优惠折扣活动，锦鲤转发活动，这些活动给企业带来了多少回报。回报也有很多方面，产品销量和营业收入方面的，会员新注册量，粉丝增加量等，都可以提及。

第四是产品与服务方面，负责这一模块的队员要完全熟悉项目提供了哪些产品和服务，产品采用的技术是什么，原材料是什么，包装是什么，产品功能又有哪些，提供的线上线下服务的流程是什么等。也许这些在PPT里已经讲过了，但也要了解清楚，以应对提问。

第五是市场方面，这一模块的负责人需要知道项目的核心优势是什么，竞争对手有哪些，现在市场上是否有类似的产品，现在消费者最想要的是什么等，即要了解用户的需求、竞争对手以及项目的竞争力等。

这里还有一个问题需要注意。近几届的比赛越来越注重落地性，也就是落实到创业，所以关于企业注册公司方面的问题，如公司法人、营业执照等这些问题也需要重点准备，都有可能会被问到。

在回答问题的时候，先由各自负责的队员回答，等听完他们的回答之后，如果个人确定觉得还有更好的回答，可以适当地补充，但是千万不要推翻原回答，那样会造成很尴尬的队内矛盾情况，更会影响评分。

团队成员之间最好也能够互相了解对方的工作，这样在答辩的时候即使这位成员回答不上来，其他成员也可以补充回答。时刻记住，团队一荣俱荣，一损俱损。千万不能抱着一种“这不是我负责的，所以我可以不用去管”的态度。

试想如果自己是负责这方面问题的人，但是真的不知道怎么回答，而队里又没有队员肯站出来回答，那会有多无助难堪呢？而且这种时候，也可以看得出来这个团队是不是一个好的团队，成员之间是否会相互协助，团队里是否具备有担当的人。

实际上大家也不用太过担忧紧张，评委们问的问题往往都是他们对项目中还有疑惑的、了解不清的地方。评委们提问也只是想了解得更清楚，而不是在挑刺或是质疑。回答问题其实只是帮助评委更了解项目，从而他们可以提出一些看法和建议来帮助团队。

所以大家耐心地向评委们回答问题即可。曾经有些参赛选手很不耐烦，回答问题过程中甚至有跟评委争吵起来的迹象，造成非常不好的效果。所以在回答的过程中一定要有耐心和谦卑之心，真诚地回答每一个问题。

此外，回答每个问题的时间也需要控制得当，不能一直揪着一个问题不放，那可能会导致评委们想了解的其他问题来不及问，仍旧对项目存有疑惑，这也许会影响到对项目的评分。记住不管是作答还是评委提问，这些时间全都包括在回答环节的计时里，所以一定要把握好时间。

（2）回答问题的方法。

第一步，听清楚评委老师提的问题，并且在大脑中进行认真地思考这是问的哪个方面的问题，如果是自己负责的问题，那就回想一下自己准备的答案，捋一遍思路，在大脑中大概思考 3 ~ 5 秒之后，再准备回答，并且要尽量地让自己回答的语言简洁、流畅。

第二步，有条理地正面回答该问题。在回答问题的时候最好是正视老师，用合适的语速与音量，条理清晰地来回答该问题。同时注意不要绕圈子和答非所问，应该问什么就回答什么，不要回答过多套话，那样不仅浪费了大量时间，还使评委仍不清楚项目的这个问题，那他们自然也理解了这个地方也许就是项目的缺点、漏洞所在。

如果遇到了不会的问题，那就看看队里有没有其他成员可以回答，如果都没有，那就尝试着回答和解释，但要注意不能把话说得过满，要留有余地。也要记住千万不要夸大其词，评委很容易能辨别出回答者到底说的是真话还是假话。

这个环节很考验应变能力，所以建议大家可以多向其他人讲解自己的项目，倾听他们的疑问，并尝试作答，把这种问答的过程当作是答辩，锻炼自己的应变能力。

第三步，有答有辩。请记住，要有坚持真理、修改错误的勇气。在回答问题的时候，如果遇到了与评委老师有分歧的地方，第一点就是注意在老师说话的时候，千万不要打断他们，首先打断他人说话本来就是一种不礼貌的行为，其次评委老师想表达的意思还没表达完，容易产生误解。在认真地倾听完评委的问题，了解清楚他们想表达的意思之后，如果确实与自己的想法产生了分歧，而思考过后仍然觉得自己是对的话，那就勇敢地、有根有据地发表自己的看法和见解，语气要平缓而不是激烈，这是一种交谈，而不是争吵。

评委们也有会犯错的时候。所以参赛者们要勇敢地学会表达自己的看法，即使说错了，评委们也可以看到参赛者思考问题的过程，看到他们的思维方式和思考问题的能力，这也是答辩的其中一个意义所在。

以下是一些优秀答辩同学的回答时的语术技巧：

① 感谢老师的问题，刚刚老师您问的是……

② 这是一个非常好的问题，我个人的理解是这样的……

③ 经过系统的查阅文献后我发现……

④ 我的理解可能不太到位，希望各位老师批评指正。

以上回答可以起到确定老师的提问、为团队的思考争取时间、肯定老师的观点、表现自己的谦虚谨慎等作用，值得参考借鉴。

参考文献

[1] 全国大学生电子商务“创新、创意及创业”挑战赛. http://www.3chuang.net/

[2] 卫飞飞，朱小燕，苗苗. 论三创赛对学生能力的提高[J].亚太教育出版社，2015（12）.

[3] 百度百科-电子商务.https://baike.baidu.com/item/电子商务/98106？fr=aladdin#3

[4] 整理如何写网络创业计划书. https://wenku.baidu.com/view/098f152a5ebfc77da26925c52cc58bd63086931e. html

[5] 网络创业计划书如何拟定. https://www.sohu.com/a/290919954_120086922

[6] 创业计划书怎么写. http://www.xuexila.com/way/ketang/c143741.html

[7] 创业公司与大公司合作的 6 条避坑建议.人人都是产品经理. http://www.woshipm.com/

[8] 打动投资人的 7 种方法. 人人都是产品经理. http://www.woshipm. com/

[9] 四川省政务服务网. http://www.sczwfw.gov.cn

[10] 北京市市场监督管理局.http://scjgj.beijing.gov.cn/ /

[11]《中华人民共和国公司法》（2018 年修订）

[12]《中华人民共和国企业法人登记管理条例》（2019 年修订）

[13] 什么是设计思考（Design Thinking）. 360doc 个人图书馆. http://www. 360doc.com/content/17/1221/21/441458_715199648.shtml

[14] 设计思维到底是什么？. 搜狐. https://www.sohu.com/a/241569939_654718

[15] 李彦，刘红围，李梦蝶，袁萍．设计思维研究综述[J]．机械工程学报，2017，53（15）:1-20.
[16] 梁洪培．基于 Kano 模型的客户需求分析方法研究[D]．天津：河北工业大学，2015.
[17] 赵雅丽．论包装设计对产品销售的重要性[J]．大众文艺，2017（10）：83.
[18] 陈军．从“买椟还珠”谈产品包装设计的重要性[J]．艺术教育，2006（08）：118-119.
[19] 鑫雅尚品．做产品包装之前必须要考虑的问题．豆丁网．https://www.docin.com/p-2034807866.html
[20] 产品包装设计的方法．搜狐．https://www.sohu.com/a/224654916_600698
[21] 微信商城运营技巧．https://baijiahao.baidu.com/s?id=1602599052441989884&wfr=spider&for=pc
[22] 郑旻璐．基于创客产品的微商城发展及建设研究[J]．现代商业，2017（31）：22-23.
[23] 姜明．运营好公众号的三个重要环节[J]．计算机与网络，2017，43（07）：44.
[24] 马安华．基于用户行为分析的精确营销系统设计与实现[D]．南京：南京邮电大学，2013.
[25] 顾俊侃．基于 AIDMA 理论模型框架下的探索与发现[J]．现代商业，2014（32）：268-269.
[26] 罗丽华．如何写好演讲稿[N]．语言文字报，2019-12-20（004）.
[27] 董艳艳．演讲稿写作中的语言表达与修辞[J]．应用写作，2019（09）：34-37.
[28] 杜英俊．互联网思维下学习型组织个体核心竞争力探究[J]．教育教学论坛，2020（08）：107-108.

[29] 李品媛. 论企业核心竞争力[D]. 大连：东北财经大学，2002.
[30] 马晓荣. PowerPoint 2016 幻灯片制作案例教程[M]. 北京：清华大学出版社，2019.
[31] 答得喵学院. 没人会告诉你的 PPT 真相：学幻灯片制作看这本就够了[M]. 北京：电子工业出版社，2017.
[32] 焦帅. 演讲的艺术：展现完美口才的技巧与修炼[M]. 吉林：吉林出版集团股份有限公司，2018.
[33] 原炜飞. 脱稿演讲的艺术[M]. 沈阳：辽宁人民出版社，2017.